주제별 독서치료 시리즈 8 - 적응

적응 강화를 위한 독서치료

임성관

임성관

대학교에서는 문헌정보학과 미디어영상을, 대학원 석사과정에서는 사서교육전공과 상담심리전공을, 대학원 박사과정에서는 문헌정보학을 공부했으며, 성균관대학교 생활과학연구소에서 국내 최초로 운영되었던 독서치료전문가 과정을 1기로 수료했습니다. 더불어 숙명여자대학교 아동교육전문가 과정도 1기로 수료한 후 2004년 2월에 휴독서치료연구소를 설립해 17년 동안 소장으로 일했으며, 현재는 경기대학교 교육대학원 사서교육전공 조교수로 근무 중입니다.

더불어 휴독서치료연구소 고문, 한국독서교육연구학회 고문, 한국도서관협회 및 송파구청 독서문화위원회 위원, 천안시공공도서관 및 작은도서관 운영위원회 위원, 국립어린이청소년도서관 도서관이야기 편집위원, 국방부 진중문고 분야별 외부 추천 전문가, 경기도교육청 및 부평도서관 사람 책, 법무부 소년보호위원, 문화체육관광부 및 한국예술인복지재단 인증 문학인으로도 활동하고 있습니다.

그동안 출간한 책은 총 50권으로, 그 중 독서치료 관련 도서로는 『독서치료의 모든 것』, 『독서치료 수퍼비전의 실제』, 『독서치료에서의 문학작품 활용』, 『노인을 위한 독서치료 1-2』, 『성인을 위한 독서치료 1-2』, 『청소년을 위한 독서치료 1-2』, 『어린이를 위한 독서치료 1-2』, 『책과 함께하는 마음 놀이터 1-4』, 『애도를 위한 독서치료』, 『우울 극복을 위한 독서치료』, 『관계 증진을 위한 독서치료』, 『자살예방을 위한 독서치료』, 『중독 조절을 위한 독서치료』, 『불안 완화를 위한 독서치료』, 『자기 결정을 위한 독서치료』, 『사서를 위한 마음 약방』 등이 있고, 독서지도 관련 도서로는 『(노인을 위한 1년 독서 실천 전략) 독서사도』, 『책 좋아하는 아이 만들기』 등이, 독서상담 관련 도서로는 『(자녀의 독서를 고민하는) 엄마들의 책』이 있습니다. 또한 독서클리닉 관련 도서로는 『독서로 풀어가는 난독증 1-2』, 독서코칭 관련 도서로는 『초등 학습능력 올리는 독서코칭』이, 이어서 독서 활용 분야들을 아우른 『독서 : 교육·지도·상담·코칭·클리닉·치료』가 있습니다. 마지막으로 아동 및 청소년들을 위한 도서로는 『나를 표현하는 열두 가지 감정』, 『동시 : 함께하는 시간』, 『상상 도서관』, 『SWAG』, 『카운트다운』, 『오, 신이시여!』, 『미디어의 쓸모』, 『중학교 2학년』, 『강아지 똥은 왜 자아존중감이 낮았을까?』가 있습니다.

또한 70편이 넘는 논문도 발표를 하는 등 20년이 넘는 기간 동안 독서 분야 발전을 위해 노력해 왔습니다. 그 공적으로 2021년도에는 제27회 독서문화상 시상식에서 국무총리 표창을 받았으며, 세종도서 우수학술도서에도 총 9회 선정되었습니다.

적응 강화를 위한
독서치료

임성관

Table Of Contents

그야말로 적응이 화두이다. 왜냐하면 적응하지 못하면 점차 소멸하기 때문이다. 적응의 사전적[1] 기본 의미는 '일정한 조건이나 환경에 맞추어 잘 어울림'이다. 따라서 일반적으로 생물을 대상으로 사용하는 단어인데, 이에 맞추어 범위를 넓혀 의미를 살펴보면 '생물의 형태나 기능이 주어진 환경 조건에 생활하기 쉽게 형태적·생리학적으로 변화하여 감, 유전적인 것과 비유전적인 것이 있는데 보통 유전적인 것을 말한다.' 나아가 인간의 '심리'적 측면에서의 의미도 살펴보면 '생활이 환경의 요청에 응함과 동시에 저절로 여러 요구가 채워지고 조화를 이룬 상태, 환경을 변화시키는 경우와 환경에 맞추기 위하여 스스로는 변화시키는 경우가 있다.'로 설명할 수 있다.

그런데 문제는 점점 적응이 어려워지고 있다는 점이다. 2010년대부터 물리적, 디지털 및 생물학적 세계가 융합되어 모든 학문·경제·산업 등에 전반적으로 충격을 주게 된 새로운 기술영역이 등장했는데, 이를 '4차 산업혁명(Fourth Industrial Revolution)'이라고 한다. 4차 산업혁명은 사물 인터넷(IoT), 인공지능(AI), 클라우드 컴퓨팅(Cloud Computing), 빅 데이터(Big Data)의 발달로 초연결성(Hyperconnectivity)과 초지능(Superintelligence), 더 빠른 속도(Velocity), 더 많은 데이터 처리 능력(Volume), 더 넓은 파급 범위(Scope) 등의 특성을 지니는 '초연결지능 혁명'이라는 특성을 갖고 있다. 따라서 인공지능이 보편화 되면서 사람들도 더 많은 데이터를 더 빠른 속도로 처리하지 못하거나, SNS(Social Network Service)를 통해 초연결성을 확보하지 못하면 적응을 하기 어려운 환경이 되어버렸다. 과학 기술의 발전으로 인해 빠르고 편리한 세상을 누리게 되었지만, 그것은 모든 사람들에게 무료로 제공된 것이 아닌 셈이다.

---

1) Daum 사전. 출처: https://dic.daum.net/word/view.do?wordid=kkw000223101&supid=kku000282056

지구상 생물들의 적응을 어렵게 하는 요인은 또 있다. 그것은 바로 환경으로, 세계 여러 나라들이 겪고 있는 크고 작은 자연재해는 '지구온난화'의 영향이다. '지구온난화'는 지표 부근의 기온이 장기적으로 상승하는 현상으로, 사계절이 뚜렷했던 우리나라의 기후도 점점 아열대 기후로 변화해 가고 있어 생태계 파괴는 물론 생활에도 큰 영향을 줄 것이라 예측하고 있다.

인간은 엄마의 태내에 수정이 될 때부터 발달을 시작한다. 이와 같은 발달은 죽음에 도달해야 비로소 끝나기 때문에, 발달 과정은 결국 적응의 연속이라고 할 수 있다. 즉, 발달 단계마다 적응을 해야 다음 단계로 무리 없이 나아갈 수 있고, 이런 과정이 반복되어야 생을 무사히 마칠 수 있다는 것이다. 그런데 수명이 100년까지 확장된 상황이기 때문에 사람들에게는 단계별 적응만으로도 큰 과제가 주어졌다고 할 수 있는데, 지구 환경과 과학 기술의 변화에도 잘 어울려야 하기 때문에 살아남기는 점점 더 힘들어지고 있다.

진화론으로 19세기 이후 생물학에 혁명에 가까운 거대한 변화를 이끈 인물인 찰스 다윈 (Charles Darwin)은 다음과 같은 말을 남겼다고 한다.

"살아남은 종(種)이 가장 강한 것이 아니며, 가장 현명한 것도 아니다. 변화에 적응할 수 있는 종이 살아남는 것이다."

이 책은 '애도', '우울', '관계', '자살', '중독', '불안', '결정'으로 이어진 '주제별 독서치료 시리즈' 여덟 번째 권으로 '적응'을 주제로 하고 있다. 문학작품의 힘과 치료 장면에서 이루어지는 상호작용들이, 적응이 필요한 분들에게 도움이 될 수 있기를 바란다. 그래서 다시 회복하여 당당히 살아내기를 바란다.

2024년 5월
오늘도 나를 변화시키며

적응에 대한 이해와 독서치료

1. 적응의 개념

인간처럼 고도의 지능을 갖거나, 거의 모든 종의 새처럼 하늘을 날거나, 곤충처럼 한 번에 수백에서 수천 개의 알을 낳거나, 특정 부위가 퇴화하는 대신 다른 부위가 고도로 진화하는 등, 모든 생명체는 각자의 환경에 적응하며 살아가고 있다. 따라서 지금 이 순간에도 수많은 적응이 일어나고 있을 텐데, 적응은 인류뿐만 아니라 이 세상의 모든 생명체의 진화와 생존, 멸종에도 큰 영향을 끼쳤다. 왜냐하면 어떤 종이든 환경 변화에 적응해야 살아남을 수 있고, 만약 그렇지 못하면 자연스럽게 도태되어 결국 멸종되기 때문이다.

적응에 대한 정의는 각 학문 분야마다 다르게 내리는데, 우선 '심리학'에서는 심리적 긴장 상태에 있을 때 그것을 해소하여 심리적 평형을 이루고자 하는 것, 생활이 환경의 요청에 응함과 동시에 저절로 여러 요구가 채워지고 조화를 이루는 상태로 정의한다. 이때 사람들이 적응을 위한 방안으로 선택할 수 있는 것은 환경을 변화시키는 것 혹은 환경에 맞추기 위하여 스스로를 변화시키는 것이다. 이어서 '인류학'에서는 문화와 환경과의 상호작용을 통한 변증법적인 과정으로 정의하고, 나아가 '생물학'에서는 생물체가 자연 선택에 의해 진화를 하는 방식, 즉 생물의 형태나 기능이 주어진 환경 조건에 생활하기 쉽게 형태적, 생리학적으로 변화하여 가는 것을 뜻한다.

이상의 내용을 종합하면 '적응'은 유기체가 환경에 더 잘 적응하여 살아남기 위해 변화하는 과정을 가리킨다. 따라서 적응은 그 과정을 의미하지만 결과로 인한 진화의 특성을 뜻하기도 하며, 선택 압력에 대한 반응으로 진화한 특정한 특성을 의미하기도 하다. 덕분에 이 지구상에는 적응으로 인해 다양한 생명체가 생겨나게 되었다. 다시 모든 초점을 사람, 특히 현대인들에게만 맞추어 본다면, 그들은 일생의 거의 전 기간을 사회생활이라는 난제와 씨름하면서 살아가야 한다. 따라서 적응력이 매우 중요한데, 그 능력 역시 스스로 채워나갈 수밖에 없다.

그렇다면 변화에 잘 적응하여 성공한 사람에는 누가 있을까? 전 세계적으로 다양한 분야에 매우 많은 사람들이 있겠으나, 'Apple'과 'NeXT', 'Pixar'의 공동 창업주이자 Apple의 제6대 CEO를 역임하며 21세기 혁신의 아이콘이라는 평가를 받은 '스티브 잡스(Steve Jobs)'에 대해 살펴보자.

스티브 잡스는 Apple 초기에 매킨토시 컴퓨터와 같은 획기적인 제품을 만드는데 중추적인 역할을 했다. 그러나 회사 내에서 있었던 일련의 의견 충돌과 권력 다툼 끝에 1985년 Apple에서 쫓겨나게 되었다. Apple에서 쫓겨난 것은 스티브 잡스에게 힘든 일이었을 것이다. 그러나 그는 포기하지 않고 새로운 성장의 기회로 받아들이고 새로운 모험을 추구했다. 그는 고급 워크스테이션 개발에 주력하는 NeXT Computer를 설립했다. 시장 점유율 측면에서 어려움이 있기는 했지만, 고급 운영 체제와 개발 환경으로 높은 평가를 받았다. 1996년, Apple은 어려움에 직면했다. 그래서 NeXT Computer를 인수하고 스티브 잡스를 고문으로 삼았다. 스티브 잡스는 새로운 리더십에 대한 역할을 수행했고, 1997년에는 CEO가 되었다. Apple에서 쫓겨나고 NeXT Computer를 설립한 이후에 얻게 된 리더십 스킬이 빛을 보게 된 것이다. 그가 CEO로 있는 동안 Apple은 놀라운 변화를 겪었고 상징적인 제품을 출시했다. 스티브 잡스는 시장 동향을 파악하고 소비자의 요구를 예측하는 능력으로 유명했다. 그는 전체 사업을 재정의하고 사람들이 기술과 상호작용하는 방식을 혁신하였다. 아이맥, 아이팟, 아이폰, 아이패드와 같은 제품이 그랬다. 이 제품들은 그의 적응력과 변화를 수용하려는 의지를 보여준다. 그는 단순함, 직관적인 디자인, 원활한 통합의 중요성을 강조했고, 사용자 친화적이며 미학적인 제품을 만들려고 노력했다. 그는 혁신에 적응하고 추진하고자 애썼고, 그 결과 Apple의 성공에 크게 기여했다.[2]

그 외에도 사회에 훌륭히 적응한 사람들, 아니 나아가 미래를 예측한 사람들은 매우 많았다. 때문에 그들은 오랜 세월이 흐른 오늘날까지 이름을 남기고 있는데, 한 사람 한 사람의 일화를 모두 살펴볼 수는 없어 지혜가 압축된 적응과 관련된 명언들만 옮겨보고자 한다.

지혜로운 사람은 변화에 적응하고 어리석은 사람은 그에 맞서 싸운다.
– 장자

인간은 무엇에나 적응하는 동물이다. 또한 무엇에나 적응할 수 있는 존재이다.
– 표도르 도스토예프스키

인생의 예술은 주변 환경에 지속적으로 적응하는 것이다.
– 오카쿠라 카쿠조

상황은 끊임없이 변하고 있으므로 자신의 생각을 새로운 상황에 적응시키려면 배워야 한다.
– 모택동

삶은 끊임없이 변화하는 환경에 대한 조절과 적응의 예술이다. 따라서 그러한 변화에 순응함으로써 자연의 흐름을 따라가며 조화롭게 살아가는 것이 지혜로운 행동이다. 그런데 변화는 종종 예측할 수 없고, 갑작스러우며, 때로는 도전적일 수 있다. 그럼에도 지혜로운 사람은 이와 같은 변화에 대한 두려움 없이 새로운 상황에 적응한다. 왜냐하면 그들은 상황에 따라 유연하게 자신을 조절할 수 있는 능력을 갖췄기 때문이다. 변화는 도전과 기회를 동시에 갖고 있다. 따라서 우리가 지혜로우면서도 적극적인 태도와 유연성을 갖춘다면, 더 큰 성공을 거두는 행복을 맛볼 것이다.

------

2) 네이버 블로그 '스마트도토리 이야기'. 2023. 출처: https://blog.naver.com/smartdotori/223107569005

나를 둘러싼 환경이 변하면, 사람들은 그 변화에 적응해 나간다. 환경이 천천히 변할 때는 내가 빠르게 적응하려고 노력하지 않아도 상관이 없다. 그저 살기 위해 노력하기만 해도 변화에 잘 적응해 나갈 수 있다. 그러나 실제로 세상은 빠르게 변하고 있다. 이럴 때는 열심히 하는 것만으로는 부족하다는 것을 느낀다. 어떤 방향으로 적응해 나갈 것인지 선택을 잘 해야 한다. 내가 한 선택이 부적응의 방향이 될 수도 있다. 따라서 빠르게 시도하고, 빠르게 결과를 보면서 옳은 방향으로 가고 있는지를 수시로 확인해 봐야 한다. 세상의 이치를 깨닫고 변화에 적응한 사람들은 성공한 삶을 살아간다. 그러한 삶을 살아가면서 깨닫게 된 것은 다음 세대로 전수될 확률이 높다. 그렇게 사람들 사이의 격차는 점점더 벌어진다. 여러 세대에 걸쳐 일어나는 변화이다. 세상이 한 번에 뒤집히지 않는 한 이러한 변화는 지속될 것이다. 따라서 이미 늦었다고 생각되더라도 일단 적응하고자 노력해야 한다. 내일 시작한다면 오늘보다 적응하기가 더 어려워진다.[3]

2. 적응 행동의 개념

사회 변화에 따라 '적응 행동'에 대한 이론적 발전도 더해지면서 그 개념 또한 계속 바뀌어 왔다. Grossman(1973)[4]은 '적응 행동'을 "개인이 속한 문화적 집단에서 기대되는 개인의 독립성의 표준과 사회적 책임감을 충족시킬 수 있는 효과나 정도"라고 하였다. 이는 개개인은 분명 독립되어 있으나 사회 문화적 범위 내에서 책임감 있는 행동을 하며 살아가는 것이 곧 적응 행동이라는 의미이다. 따라서 이 개념 또한 모든 사람들에게 적용할 수 있는데, 사실 '적응 행동'은 장애인의 측면에서 활발히 연구되었다. 왜냐하면 장애를 갖고 있기 때문에 비장애인에 비해 사회에 적응하는 것이 더 어렵기 때문이다. 그러므로 '적응 행동'의 개념은 장애인 관련 연구에서 자주 확인할 수 있는데, 그 내용을 인용하면 다음과 같다.

---

3) 네이버 블로그 '스마트도토리 이야기'. 2023. 앞의 출처.

4) Grossman, H. J. (Ed.). 1973. *A Manual on terminology and classification in mental retardation* (Rev. ed). Washington, DC: American Association on Mental Deficiency.

우선 AAMR(American Association on Mental Retardation)의 9차 정의에서는 '적응 행동'을 "상황에 따라 행동을 변화시키고 환경에 적절하게 대처하는 능력"이라고 하였는데, 10가지 적응 기술 영역(의사소통, 자기관리, 가정생활, 사회성 기술, 지역사회 활용, 자기 지시, 건강과 안전, 기능적 학업 기술, 여가 및 직업)으로 이루어져 있고, 이 중에서 두 가지 혹은 그 이상의 영역에서 결함을 결손으로 보았다. 이후 '적응 행동'은 일상생활에서 사람들에 의해 학습되고 수행되는 개념적, 사회적, 실제적 기술의 집합체로 정의되었다.[5]

이어서 1973년 AAMD(American Association on Mental Deficiency)에서 Grossman은 적응 행동을 대상의 나이대와 문화적 집단의 맥락 속에서 파악해야 한다고 보아, 연령에 따라 기대되는 적응 행동 하위 요소를 제시함으로써 적응 행동의 중요성은 더욱 심화되었고,[6] 이후부터 진단 및 분류와 관련한 적응 행동 검사 도구들의 개발이 활발해졌다.

마지막으로 AAIDD(American Association on Intellectual and Developmental Disabilities)에서의 개념적, 사회적, 실제적 기술의 3가지 요인 적응 행동 요인은, 역사적으로 Herber의 성숙화, 학습, 사회 적응의 3가지 요인 개념이 이어져 내려와 존속하고 있다. 개념적 기술 요인에는 언어, 읽기와 쓰기, 돈, 시간, 수 개념의 하위 요인이 있으며, 사회적 기술 요인에는 대인관계 기술, 사회적 책임감, 자존감, 파괴성, 순진성, 규칙 따르기/법 준수, 희생당하는 것 피하기, 사회적 문제 해결의 하위 요인이 있다. 또한 실제적 기술에는 일상생활 활동, 작업 기술, 돈 사용, 안전, 건강 관리, 여행/이동, 일정/일과 계획, 전화 사용이라는 하위 요인이 존재한다.[7]

---

5) American Association on Mental Retardation. 2003. 『정신지체 개념화 : AAMR 2002년 정신지체 정의, 분류, 지원체계』 (박승희, 신현기 역). 파주: 교육과학사. (원출판년도 2002). *Mental Retardation : Definition, classification and systems of supports*. Washington, DC: American Association on Mental Retardation.

6) 우리나. 2014. 『한국형 베일리 영유아 발달검사 3판 적응행동척도의 표준화 예비연구』. 석사학위논문, 이화여자대학교 대학원 심리학과.

7) American Association on Intellectual and Developmental Disabilities. 2011. 『지적장애 : 정의, 분류 및 지원체계』 (박승희 등 역). 파주: 교육과학사. (원출판년도 2010). *Intellectual disability :*

3. 아동의 적응 유연성

적응 유연성은 영어 'resilience'를 번역한 용어로, 원래 물리학에서 탄성의 원리를 설명하는 용어로써, 물체의 신축적이거나 유연한 성질을 일컫는데 사용되었다. 그러다가 1970년대와 1990년대에 들어서 생태학과 심리학 분야에서 현상의 차이를 설명하는 용어로 주로 사용되었다. 또한 적응 유연성은 Webster's New Twentieth Century Dictionary of the English Language(1958)에서 '늘어나 있거나 압축되어 있는 상태에서 다시 튀어 나오거나 복원되기 위한 능력 혹은 감정과 정신을 회복하는 능력'으로 정의하고 있고, American Heritage Dictionary(1994)에서는 '질병, 변화 혹은 불행으로부터 신속하게 회복하기 위한 능력'으로 정의하였다. 이처럼 적응 유연성은 물리적 현상을 일컫는 용어뿐만 아니라, 인간의 적응 현상과 연관된 심리학적 용어로도 사용되고 있다.[8]

우리나라에서도 적응 유연성의 의미는 매우 다양해서 '회복력', '다시 되돌아오는 경향', '자아탄력성' 등으로 표현할 수 있으며, 역경이나 어려움 속에서 그 기능을 다시 회복할 수 있는 능력, 즉 스트레스 상황에 이전의 적응 수준으로 복귀하는 능력으로 해석한다. 다시 말해 적응 유연성은, 스트레스나 역경, 혹은 위협적 상황으로 인해 회복하기 위해서 내부·외부의 자원을 활용하여 문제를 해결해 나가고, 환경에 긍정적으로 적응해 나가면서 계속되는 역동적인 발달 과정으로 보고 있다.

이 용어는 환경적 역경과 스트레스적 상황 속에서 놀랍게 잘 기능하며 스트레스에 저항적인 어린이들을 발견했을 때, Rutter(1979)[9]가 처음 언급한 이후 널리 사용되고 있다.

Definition, classification and systems of supports. Washington, DC: American Association on Intellectual and Developmental Disabilities.

8) 마광진. 2016. 『감사일기 쓰기가 초등학생의 자기존중감과 적응유연성에 미치는 영향』. 석사학위논문, 서울교육대학교 교육전문대학원 초등교육심리전공.

9) Rutter, M. 1970. *Sex differences in children's response to family stress. In The Child in His Family*, Anthony, E. J. & Koupernik, C. (eds). New York: Wiley.

Luthar(2003)[10]에 따르면 적응 유연성은 심각한 위험이나 역경에 성공적으로 적응하는 특성을 일컫는 것으로, 한 개인이 그의 삶에서 '극복해야 할 심각한 위험이나 역경에 처해 있는가?'와 '잘 적응하고 있는가?'의 두 가지 기준에 따라 결정되는 개념이다. 그러나 그는 개인이 적응 유연한 특성을 보이는 시기와 영역은 다양할 수 있으므로, 적응 유연성을 개인의 전반적인 성격이나 특성으로 보는 것은 무리가 있다고 하였다.

적응 유연성의 구조는 Block과 Block(1980)[11]에 의해 초기 성격 구조로 개념화되고 역동적 성격 과정을 설명하는 이론적 기반이 되었는데, 좁은 의미로는 개인의 감정 차원을 조절하고 상황과 환경적 수반성을 변화시키는 적응적 자원이며, 넓은 의미로는 외적, 내적 스트레스에 대해 융통성 있게 적응하는 능력이라고 정의했다.

적응 유연성에 영향을 미치는 요인으로는 심리·정서적, 행동적 문제를 발생시키고 기대되는 능력에 도달하는 것을 방해하는 조건들을 의미하는 위험 요인과, 그 위험 요인으로부터 완충 역할을 하면서 적응력을 향상시키는 보호 요인이 있다. 이 개념에 대한 설명은 마광진(2016)[12]이 정리한 내용을 다음과 같이 인용했다.

'위험'이란 어떠한 문제를 촉발하거나 문제 상태가 지속적으로 유지될 가능성을 증가시키는 어떠한 영향이라고 정의할 수 있다. 또한 일정 기간의 회복 후에 재발 혹은 증상의 재현 등 보다 심각한 상태에 이르게 되는 원인을 제공하는 영향으로도 정의할 수 있다. 이어서 '위험 요인'이란 부적응적 발달 산물과 관련되는 개인이나 환경적 특성들을 의미한다. 특정 장애에 대한 유전적 소인이나 다루기 어려운 기질과 같은 개별적 특성이 포함되

---

10) Luthar, S. S. 2003. *Resilience and vulnerability : Adaptation in the context of childhood adversities.* New York: Cambridge University Press.

11) Block, J. H. & Block, J. 1980. *The role of ego-control and ego-resiliency in the organization of behavior.* In W. A. Collins (Ed.), Development of cognition, affect and social relations: The Minnesota symposia on child psychology (Vol. 13, pp. 39–101). Hillsdale, NJ: Erlbaum.

12) 마광진. 2016. 앞의 논문.

기도 하고, 부모의 죽음과 같은 스트레스 정도가 심한 외상성의 사건이나 만성적 빈곤, 역경 등과 같은 환경적인 요인도 위험 요인에 포함된다. '위험 요인'은 '스트레스'와 비슷한 의미로 사용되기도 하는데, 두 개념은 구분될 필요가 있다. '스트레스'는 긍정적 또는 부정적 변화를 모두 포함하는 중립적 개념으로써 주관적인 인식 정도가 중요하게 다루어진다. 반면 '위험 요인'은 부정적 개념이고 객관적인 상황을 일컫는 용어이다. 즉 '위험 요인'은 부정적인 방향이 확실한 개념으로 주관적으로 인식된 어려움 내지 괴로움의 정도라기보다는 객관적 위험 상황을 지칭한다. 따라서 '위험 요소'는 문제의 가능성이 높은 개인을 확인하는데 있어서 매우 중요한 기능을 하지만, 그것만으로 어떻게 혹은 왜 그 문제가 발전되었는가에 대한 과정은 설명해주지 못한다.

여러 선행연구를 통해 아동과 청소년의 문제 행동을 유발할 수 있는 위험 요인으로 논의되는 사항에는, 지역사회 영역에서 빈곤한 이웃과의 애착과 경제적인 낙후, 약물의 오·남용이나 높은 범죄율 등이, 학교 영역에서는 성적의 하락과 부진, 전학과 집단 따돌림의 경험, 학교 교육에 대한 낮은 가치감 및 교사들의 무관심 등이, 이어서 가족 영역에서는 가족의 비행 경력과 경제적 결손, 가정불화 및 부정적인 양육 태도 등이, 마지막으로 개인 영역에서는 문제 행동의 조기 시작, 강한 감정적·충동적 성향, 감정 통제의 어려움 등을 꼽을 수 있다.

다음으로 보호 요인은 스트레스가 초래하는 부정적인 결과를 조절 및 완충하여, 스트레스가 없을 때 기대할 수 있는 것 이상의 행동적·심리적 결과를 가져오는 특징 또는 과정이라고 정의한다. 따라서 보호 요인은 아동의 긍정적인 발달과 기능을 증진시킴으로써 위험 요인으로부터의 영향을 감소시키는 역할을 한다. 왜냐하면 보호 요인은 취약한 환경적 조건에 처해 있어도 위험과 작용하여 부정적 산물의 가능성을 경감시켜 주기 때문이다. 즉, 위험 요인에 노출되었을 때 발생할 수 있는 부정적 영향을 완화시켜 문제 행동이 야기될 확률을 낮추는 변인인 것이다. 이와 같이 보호 요인을 정의하는데 있어 중요한 사실은, 보호 요인은 위험 요인이 부재하거나 또는 위험의 정반대 양상이 아니라는 사실이다. 보호 요인은 긍정적인 발달이나 적극적인 행동을 유도하는 역할을 함으로써 위험 요인의 영향을 경감시키는 역할을 하기 때문에, 보호 요인은 위험 요인이 존재할 때 분명하게 드러난다고 할 수 있다. 따라서 '적응'은 위험 요인의 존재 여부와 무관한 중립적 개념이라면, '적응 유연성'은 필수적으로 보호 과정을 내포하는 개념으로 '위험' 혹은 '역경'을 전제로 한다는 차이를 알 수 있다.

Bogenschneider(1996)[13]는 보호 요인을 개인, 가족, 또래, 학교, 지역사회의 5개 측면에서 설명했다. 개인적 측면에서의 보호 요인은 문제 해결 기술과 지적 능력, 자기효능감과 자아존중감, 개인의 책임감과 종교생활로 구분했다. 가족적 측면에서는 가족 구성원들 중 적어도 한 사람과 긴밀하고 밀접한 관계를 맺고 있으면, 그것이 보호 요인으로 작용한다고 설명하였다. 또한 또래적 측면에서는 친한 친구가 있는 경우, 학교적 측면에서는 긍정적인 학교 경험이 발달에 영향을 주는 보호 요인이라고 하였다. 마지막으로 지역사회 측면에서는 지지적인 지역사회에 소속되어 있고, 가정이나 학교 등 다른 사회 기관과의 유대 관계를 맺고 있는 것이 보호 요인이라고 하였다.

Pollard, Hawkins 및 Arthur(1999)[14]의 연구에서는 보호 요인을 학교, 가족, 개인 및 또래의 세 가지 영역으로 구분하였다. 학교 영역은 학교생활의 관여를 위한 다양한 기회와 높은 관여를 위한 보상을 언급했다. 가족 영역에서는 높은 수준의 가족 애착과 높은 가족 관여를 위한 지각된 기회, 높은 수준의 가족 관여를 위한 지각된 보상을 들었다. 개인 및 또래 영역은 도덕적 준수에 대한 높은 신념, 높은 수준의 문제 해결 기술을 강조하였다.

Werner(1989)[15]는 보호 요인을 개인, 가족, 외부 지지체계로 구분하였다. 개인 내적 특

---

13) Bogenschneider, K. 1996. An ecological risk/protective theory for building prevention programs, policies, and community capacity to support youth. *Family Relations : An Interdisciplinary Journal of Applied Family Studies*, 45(2): 127-138.

14) Pollard, J. A., Hawkins, J. D., & Arthur, M. W. 1999. Risk and protection: Are both necessary to understand diverse behavioral outcomes in adolescence? *Social Work Research*, 23(3): 145-158.

15) Werner, E. E. 1989. High-risk children in young adulthood : A longitudinal study from

성으로는 풍부한 반응성, 융통성, 적응성, 기질적 결함의 부재, 순한 기질, 좋은 지적 기술, 종교적 믿음, 유머감각, 내적 통제력, 사회적 유능성, 목적의식, 낙천주의, 문제 해결 기술 등을 들었다. 가족 특성에서는 가족과의 정서적 연대감을 강조하면서, 생후 1년간은 비난하지 않는 따뜻한 양육관계를 언급하였다. 외부 지지체계로는 선생님이나 성직자, 동료나 나이 많은 친구 등과의 결속을 예로 들었다.

김설화(2012)[16]는 여러 선행연구를 바탕으로 가정폭력을 경험한 아동의 적응 유연성에 영향을 미치는 요인을 개인, 가족, 사회 환경으로 나누어 다음과 같이 정리했다. 물론 그가 정리한 내용은 '가정폭력'이라는 상황에서 겪은 스트레스를 최소화하거나 효과적으로 대처하는데 필요한 것들에 초점이 맞추어져 있다. 하지만 적응 유연성을 높인다는 차원에서 보자면 대부분의 아동에게 적용할 수 있을 것 같아 옮긴 것이다.

1) 개인 요인

자아존중감(self-esteem)은 개인이 자신의 자아개념에 부여하는 가치로써, 보통 자기 가치감과 동의어로 사용된다. 자아존중감은 다양한 유형의 건강 및 사회적 문제의 보호 요인으로 일컬어지는 대표적인 자원으로, 높은 자아존중감은 개인의 창조성과 생산성 및 대인관계 형성에 필수적이다.

그런데 높은 자아존중감을 가정폭력을 경험한 아동의 행동적, 정서적 적응의 어려움을 중재시킨다고 한다. 따라서 가정폭력을 경험한 아동의 적응 유연성에 영향을 미치는 개인 요인으로 자아존중감이 중요한 요인으로 판단된다.

---

birth to 32 years. *American Journal of Orthopsychiatry*, 59: 72-81.

16) 김설화. 2012. 『가정폭력에 노출된 아동의 적응유연성에 영향을 미치는 요인』. 석사학위논문, 군산대학교 대학원 사회복지학과 사회복지학 전공.

2) 가족 요인

적응력이 높은 아동들의 부모는 사려 깊고 애정적이며, 공감적이고 편안하여, 그들의 가치를 나눌 수 있는 사람들이다. 이는 아동의 적응에 있어서 취약성 극복과 스트레스로부터의 회복 능력은 상당부분 환경의 지지에 따라 달라지며, 특히 가족의 영향이 크다는 사실을 보여주는 것이다.

적응력이 높은 아동들의 가족 요인을 분석하면 따뜻하고 애정적이며, 정서적 지지가 높은 가정 환경적 특징을 갖고 있으며, 가족의 경계에 융통성도 있다. 아동은 가정에서 여러 가족 구성원들의 지지를 통해 얻게 되는 지식과 경험, 도움 등을 바탕으로 성장 및 발달해 나간다. 부모와 형제 등으로 구성된 가족은 아동에게 다양한 사회적 지지를 제공하며, 아동이 가족과의 지지 관계를 통해 얻게 되는 사랑, 수용, 안정의 느낌은 긍정적인 발달을 촉진시킨다. 가족의 지지는 경제적 위기, 가족 구성원의 사망, 학교에서 특정 어려움에 봉착했을 때 그것을 효과적으로 다룰 수 있는 자원이 된다. 즉, 가족의 지지는 아동으로 하여금 효과적인 대처 전략을 개발함으로써 스트레스 상황을 통제할 수 있도록 격려하고, 가족 구성원간의 소통을 통하여 불안을 경감시켜 준다.

3) 사회 환경 요인

① 친구의 지지

친구의 지지는 또래나 친한 친구들과 사회적 관계를 맺음으로써 얻을 수 있는 기쁨이나 즐거움, 친밀감, 심리적 안정감 등의 긍정적 자원으로 정의된다. 또래 집단은 아동·청소년기 동안 중요한 사회화 작용의 요인이기 때문에, 적응 유연성 강화에도 매우 중요한 자원이라고 할 수 있다.

② 교사의 지지

교사는 아동이 부모 다음으로 가장 밀접하게 상호작용하는 대상이다. 아동은 교사와의 상호작용을 통해 사회 구성원이 되는데 필요한 지식과 기술, 가치, 태도 등을 형성하게 된다.

아동의 사회 환경은 사회적 활동 범위가 좁고 비교적 제한된 지지망을 갖기 때문에, 교사는 중요한 사회적 지지원이 될 수 있다. 교사의 지지가 높을수록 아동은 심리적 우울감을 적게 느끼고, 특히 가족의 지지를 적게 받은 아동일수록 교사의 지지는 보상의 역할을 한다.

③ 다른 성인의 지지

사회적 지지자의 역할을 해주는 부모를 제외한 다른 성인은 친척, 선후배 등으로, 그들을 통해 얻는 지지적 조언이나 물질적 도움은 아동의 스트레스 해소에 도움이 된다. 특히 응집력(일관성)과 긍정적인 느낌(낙천성)을 느낄 수 있도록 해주며, 부모와 왜곡된 관계를 보완 및 대체 해줄 수 있는 역할 모델의 기능도 갖고 있다.

O'connell-Higgins(1983)[17]는 적응 유연성이 높은 아이들의 특징으로 자신의 어려운 문제를 해결하기 위해 활동적이며, 고통스러운 상황에서도 자신의 경험을 인식하는 능력과 계속적으로 타인의 긍정적인 관심을 얻는 능력, 삶의 긍정적인 신념이 강한 능력을 가지고 있다고 하였다. 또한 Block & Kremen(1996)[18]은 적응 유연성이 높은 아동들은 친구에게 관대하며 새로운 상황을 적절하게 다루고, 사람들에게 활기 있게 대하며, 행동을 취하기 전에 신중하게 고려하여 분노를 느꼈을 때 이성적으로 대처하는 경향이 있다고 하였다.

적응 유연한 마음자세를 발달시킬 수 있는 아동은 스트레스와 부담을 더욱 효과적으로 헤쳐 나갈 수 있으며, 일상생활의 도전과 어려운 문제에 대처할 수 있고, 절망과 좌절, 역경과 외상에서 회복될 수 있다. 또한, 아동은 명백하고 현실적인 목표를 설정할 수 있으며 문제를 해결할 수 있고, 다른 사람과 원만한 관계를 맺을 수 있을 뿐 아니라 자신과 타인을 존중할 수 있게 된다.[19]

---

17) O'connell-Higgins, R. 1983. *Psychological resilience and capacity for intimacy*. Qualifying paper. Harvard Graduate School of Education.

18) Block J. & Kremen, A. M. 1996. IQ and ego-resiliency : Conceptual and empirical connections separateness. *Journal of Personality and Social Psychology*, 70: 349-361.

19) Goldstein, S. & Brooks, R. B. 2013. *Handbook of resilience in children*. New York: Springer.

적응 유연성이 높은 아동은 상황에 따라 자아통제를 강화시키거나 완화시키는 능력이 뛰어나다. 이러한 아동은 융통성이 있고, 스트레스 상황에서 적응적이며, 상황에 따라 자신의 인지적 능력과 행동적 전략을 변화시켜서 역경적인 상황에도 효율적으로 적응하는 특성을 보인다.[20] 또한 이들은 자기효능감과 자아존중감이 높고 전반적으로 긍정적인 자아상과 정체성을 갖고 있으며[21], 가족이나 타인에게 긍정적인 반응을 이끌어 내는 특성을 갖고 있다.[22] 나아가 낯설거나 위험한 상황에서 융통성이 작용하며 인지적인 효율성이 높아서 도전적인 과제에 대처할 수 있는 다양한 방법을 가지고 있다.[23]

그러므로 아동을 대상으로 적응 유연성을 높이려는 시도는, 1차적으로는 그들을 돕고 2차적으로는 가정과 사회를 위한 노력이라고 할 수 있다.

4. 청소년의 사회 적응 능력

1) 청소년 사회 적응의 개념

적응이란 환경에 대한 자발적이고 창조적 행동이며 그 행동의 결과가 자신에게 안정감을 주며, 사회적인 질서나 가치에 합치되는 상태라고 정의한 바 있다.[24] 박미정(2015)[25]은 적응을 생활 주체가 주위의 자연적 조건이나 사회적 상황 등 여건과의 만족스러운 관계를 갖는 것으로 보고, 사회에서 요구하는 체계에 피동적인 순응만이 아니라 탄탄한 유기체적

---

20) Block, J. H. & Block, J. 1980. Ibid.

21) Klohnen, E. C. 1996. Conceptual analysis and measurement of the construct of ego-resilience. *Journal of Personality and Social Psychology*, 70(5): 1067-1079.

22) Garmezy, 1993. Children in Poverty: Resilience Despite Risk. *Psychiatry*, 56(1): 127.

23) Block J. & Kremen, A. M. 1996. Ibid.

24) Allport, G. W. 1961. *Pattern and growth personality*. New York: Holt Rinehart & Winston, Inc.

25) 박미정. 2015. 「사회통합을 위한 이주배경청소년 정책에 관한 연구 : 사회적 지지가 사회적응력에 미치는 영향을 중심으로」. 석사학위논문, 성결대학교 일반대학원 행정학과 이민정책.

만족을 위해 여러가지 장애를 극복해가려고 노력을 하는 적극적인 단계라고 피력하였다. 그래서 사회 적응은 다른 사람과의 관계 형성이며, 그 관계를 유지하는 것이고, 또한 갈등을 해결해내는 힘이라고 할 수 있다.[26]

Asher와 Coie(1990)[27]은 사회 적응력을 "사회 구성원으로 살아가는데 사회적 상호작용 측면에서 필요한 적응 능력이다."라고 정의하면서 청소년들이 환경과 상호작용하면서 사회적 목표를 효과적으로 획득하여 긍정적인 방향으로 발달하도록 돕는 원동력이며, 성인기의 사회 적응과 밀접한 관련성이 있음이 여러 연구 결과에서 보고되었다고 밝히고 있다.

임형철(1999)은 개체와 주어진 환경에 있어서 양자 간의 균형과 조화로운 관계를 유지시켜 나가는 행동 과정을 적응이라고 정의하였다. 또한 Weissman(1975)은 포괄적 의미의 사회 적응은 사회 환경과 개인과의 상호작용이라 정의하였으며, 오혜경(1999)[28]은 사회 적응에 있어서 사회 적응 능력에 가치를 두어 인간이 주어진 환경 속에 개인의 능력을 발휘하여 적극적으로 환경을 변화시켜가는 과정이며, 또한 사회 적응 방법을 습득하는 과정 속에 사회 환경과 조화되어 어울리는 능력으로 보았다. 그리고 더 나아가 한기흥(2008)[29]은 사회 적응을 사회화 과정이라는 개념으로 설명하고 있는데, '사회 적응이란 각 개인이 그가 속한 사회 집단의 구성원들이 기대하는 면에 맞춰 스스로 행동을 수정하고 발달시켜 자신의 인성과 가치관, 태도, 신념 등을 형성해 가는 과정'이라고 하며, '사회화란 적응이라기보다는 자신이 일생을 통하여 끊임없이 발전시켜야 할 과정이며, 사회 환경과의 상호작용을 효과적으로 이루고, 자신에 대한 이해와 타인과의 관계 형성을 바르게 하며, 갈등

26) 정선진, 김진숙. 2012. 지역아동센터의 프로그램 만족도와 사회적 지지가 다문화 가정 청소년의 사회 적응에 미치는 영향. 『청소년학연구』, 19(8): 77-102.

27) Asher, S. & Coie, J. D. 1990. *Peer rejection in childhood*. New York: Cambridge University Press.

28) 오혜경. 1999. 장애인 자립생활 실천에 관한 연구. 『사회복지리뷰』, 3: 39-63.

29) 한기흥. 2008. 『인터넷 중독에 영향을 미치는 요인에 관한 연구 : 고등학생 및 대학생을 중심으로』. 박사학위논문, 한서대학교 대학원 아동청소년복지학과.

또한 원만하게 해결해 나가는 능력'이라고 하고 있다.

양미진과 지승희(2006)[30]는 청소년의 사회 적응력을 "자아존중감, 자기효능감 등을 통해 자신에 대해 긍정적으로 지각하고, 자기 통제력을 통해 충동성을 조절하며, 의사소통능력, 대인관계능력 등의 사회기술 능력을 향상시킴으로써 또래, 교사, 웃어른과 건강한 관계를 맺도록 하는 것"이라고 하였다.

이상과 같이 국내외 사회 적응에 대한 여러 연구들은 한결같이 사회 적응을 개인과 환경이 서로 조화를 이루는 것으로 정의하고 있다. 그런데 조화라는 것을 생각할 때 먼저 조화롭지 못한 것이 배제되어야 가능하다는 것을 고려하지 않을 수 없다. 그래서 사회 적응을 다른 면으로 정의하면 Katz와 Chard(2000)[31]가 내린 정의가 보다 더 실제적이라 할 수 있다. 이들은 청소년의 사회 적응을 문제행동을 예방하는 능력으로 보았으며, 자신의 삶에 영향을 미치는 요인들을 이끌어내어 적절한 관심과 함께 동기화하여 긍정적인 가치를 획득함으로써 건전한 사회인이 되는 능력이라고 하였다.[32]

종합하자면 청소년의 사회 적응이란, 청소년 개인이 생활에서 접하게 되는 학업, 교우 관계, 교사 관계, 학교 규칙 등의 분야에서 생성되는 각종 스트레스와 문제 상황에 대한 유연한 대처, 자신의 욕구 충족과 성장을 위해 자기 스스로와 학교 환경을 효과적으로 조절하며 보다 적극적으로 변화시킴으로써. 청소년들이 환경과 개인 사이에 조화로운 균형을 이루어나가는 역동적인 상호작용 능력[33]이라고 할 수 있다. 이런 입장에서 보면 적응

30) 양미진, 지승희. 2006. 『위기(가능)청소년 사회적응력 향상 프로그램 개발 연구』. 서울: 한국청소년상담원.

31) Katz, L. G. & Chard, S. C. 2000. *Engaging Children's Minds : The Project Approach*.(2nd ed.) Stanford, Connecticut: Ablex Publishing Corp.

32) 소심향. 2016. 『청소년의 인터넷 중독이 사회 적응에 미치는 영향 : 심리사회적 요인의 조절효과를 중심으로』. 박사학위논문, 서울기독대학교 대학원 사회복지학과.

33) 김계경. 2014. 『청소년의 위기 요인과 학교 적응과의 관계에서 탄력성과 학교 문화의 영향』. 박사학위논문, 강남대학교 대학원 교육학과.

이라는 것은 분명 환경과 인간 간의 관계적인 표현이기도 하지만, 또 다른 측면에서 살펴보면 '적응을 방해하는 문제행동의 감소'라고 볼 수 있을 것이다. 따라서 사회 적응이라는 개념을 정의 하고자 할 때 이 두 가지 측면을 모두 배제하지 않아야 할 것이다.

2) 청소년 사회 적응에 영향을 미치는 요인

청소년의 사회 적응에 영향을 미치는 주요 요인으로 인터넷 중독, 자아존중감, 친구 애착, 부모의 지도 감독, 교사 유대감을 들 수 있다. 따라서 이러한 변인들은 청소년의 사회 적응에 영향을 미치는 주요 변인으로 추정할 수 있다. 그런데 이런 변수 외에 성별, 학년, 경제 수준, 학업 스트레스 역시 청소년의 사회 적응에 있어 고려할만한 변수라고 여겨진다. 일반적으로 성별은 청소년의 사회 적응에 영향을 미치는 요인으로 나타나고 있다. 다만 전반적으로 남자 청소년이 여자 청소년보다 외현화 문제에 더 노출되는 것으로 보고되고 있지만, 경우에 따라서는 그 차이가 분명하지 않게 나타난 연구 결과도 있다.[34]

또한 비록 초등학생 대상의 연구이기는 했지만, 이현송(2008)[35]은 학년에 따른 적응 요소 변수에 있어서 사회적 지지 및 자아존중감은 학년이 올라갈수록 낮아지는 것을 보여주고 있다. 이는 고학년이 되면서 현실 감각을 더욱 정교하게 보는 데서 오는 영향이라고 할 수 있다. 이영주(2007)[36]의 연구에서도 학년은 사회 적응에 영향을 미치는 요인으로 나타났는데, 학년이 올라갈수록 외현화 문제가 더욱 심각해지는 것을 보여주고 있다.

O'Neil 등(2009)[37]은 청소년의 사회 적응력을 '개인적 요소, 사회적 요소, 환경적 요소'로 구

---

34) 연미희. 1998. 부모의 양육 태도와 유아의 사회 정서적 발달간의 관계. 『대한가정학회지』, 36(7): 111-121.

35) 이현송. 2008. 빈곤 가정 아동의 사회적 지지와 자아존중감과의 관계. 『사회복지학생논총』, 1: 104-161.

36) 이영주. 2007. 국제 결혼한 여성의 자녀에 대한 심리사회적 적응에 영향을 미치는 보호요인에 관한 연구. 『한국심리학회지 : 여성』, 12(2): 83-105.

37) O'Neil, R., Welsh, M., Parke, R. D., Wang, S. & Strand, C. 2009. A longitudinal assessment of the academic correlates of early peer acceptance and rejection. *Journal of Clinical Child Psychology*, 26(3): 290-303.

분하면서, 개인적 요소로 자아존중감, 자기 확신, 통제감, 문제해결력, 목표 지향성, 반성적 사고, 창조적 자기표현, 위험 요소의 대항성을 제시했다. 또한 사회적 요소로는 타인에 대한 경외감, 갈등 해소, 의사소통 기술, 협력적 팀워크, 효율적 리더십, 지역 사회 적응도를, 나아가 환경적 요소에는 환경의 지배자, 지역 내 환경에 대한 지식 정도를 꼽았다.

사회 적응에 영향을 미치는 요인으로 이상준(2009)[38]은 경제적 수준과 부모-자녀 간 의사소통 과정, 청소년의 자아존중감을 거치는 간접적인 경로를, 문경숙(2006)[39]은 학업 스트레스를 꼽았다. 따라서 청소년의 사회 적응에 영향을 미치는 요인으로는 성별, 학년, 경제 수준, 학업 스트레스라는 것을 알 수 있다.

3) 청소년 사회 적응의 보호 요인

청소년의 사회 적응에 있어 보호 요인이 되는 변인들이 있다. 이는 부정적인 결과에 대해서 그 정도를 완충시키거나 아니면 부정적인 결과에 대한 반응을 변화시키는 것을 의미한다.[40]

① 자아존중감

자아존중감은 역경과 관련된 심리적 위험들로부터 보호해주는 요인으로, 자아존중감이 높은 청소년은 그들 스스로 위기 환경을 보다 유연하게 대처하고 자신의 세계에 초점을 이루어 가는 경향이 있다고 보고되고 있다.[41]

---

38) 이상준. 2009. 한부모가정 여부가 청소년의 사회적 적응에 영향을 미치는 경로. 『정신건강과 사회복지』, 2009(5): 159-177.

39) 문경숙. 2006. 학업 스트레스가 청소년의 자살 충동에 미치는 영향 : 부모와 친구에 대한 애착의 매개 효과. 『아동학회지』, 27(5): 143-157.

40) Hogan, J. A., Gabrielsen, K. R., Luna, N. & Grothaus, D. 2003. *Substance Abuse Prevention : The Intersection of Science and Practice*. Boston, MA: Allyn and Bacon.

41) Cicchetti, D., Rogosch, F. A., Lynch, M. & Holt, K. D. 1993. Resilience in maltreated children : Processes leading to adaptive outcome. *Development and Psychopathology*, 5(4): 629-647.

② 친구 관계

친구 관계는 학교에서의 스트레스로 인하여 갖게 되는 정신적, 신체적 증상의 위험을 낮추는 보호 요인으로서의 역할을 한다.[42]

③ 부모와의 결속력

부모와 자녀의 결속력 역시 개인의 생애에 있어서 지속적인 영향을 미친다.[43] Van Wel, Bogt, & Raaijmakers(2002)[44]의 종단 연구 결과에서도 청소년의 부모와의 결속력은 12세부터 30세까지 지속적으로 중요한 영향을 미치는 것으로 나타났다. 또한 부모와의 관계가 안정적이고 가족과 연결되어 있다고 인식한 청소년에게 있어서는 음주, 흡연, 약물 중독을 포함한 위험 행동에 대해서 보호 요인으로 작용하는 것으로 나타났다.[45]

④ 교사와의 결속력

교사와의 유대감은 청소년에게 있어 학교생활과 사회 적응에 주요한 보호 요인으로 작용하고 있다. 청소년은 교사로부터 지지적인 역할을 인지하게 될 때 자기 개념을 포함한 긍정적인 자기 형성에 동기를 부여받는 것으로 보고되고 있다.[46]

---

42) Natvig, G. K., Aibrektsen, G., Anderssen, N. & Qvarnstrom, U. 1999. School-related stress and psychosomatic symptoms among adolescents. *The Journal of School Health*, 69(9): 362-368.

43) 정슬기. 2008. 대학생의 우울 증세, 성장기 스트레스 유발 사건과 문제 음주의 관계 : 부모 자녀 관계의 조절 효과를 중심으로. 「한국가족치료학회지」, 6(1): 113-134.

44) Van Wel, F. Bogt, T. & Raaijmakers, Q. 2002. Changes in the parental bond and the well-being of adolescents and young adults. *Adolescence*, 37(146): 317-333.

45) Marshal, M. P. & Chassin, L. 2000. Peer influence on adolescent alcohol use : The moderating role of parental support and discipline. *Applied Developmental Science*, 2000(4): 80-88.

46) Wentzel, K. R. 1997. Relations of social goal pursuit to social acceptance, classroom behavior and perceived social support. *Journal of Educational Psychology*. 86(2): 173-182.

인간은 스스로의 안전과 상호작용을 위하여 자신이 갖고 있는 욕구를 사회적 대인관계에서 충족시키며, 안정감, 만족감, 성취감을 얻어야 한다. 또한 인간은 자신의 여러 가지 속성인 감정, 언어적 의사소통, 사고의 능력, 그리고 다양한 사회적 역할의 수행 능력을 사회적 상호작용의 과정 속에서 발전시킨다. 따라서 사회 적응력은 '주어진 환경에 자신을 맞추는 과정과 자기 자신의 필요와 욕구를 충족시키기 위해 환경을 긍정적인 방향으로 적극 변화시키는 과정이며, 건전한 사회 구성원으로 살아가는데 필요한 상호작용 능력'이다. 주어진 환경에 자신을 맞추기 위해서는 개인 내적으로는 자아존중감, 자아 이미지, 자기효능감, 자기 이해력이 필요하고, 외적으로는 의사소통, 신뢰감, 친근감, 개방성, 이해력을 높이는 노력이 필요하다고 하겠다.[47]

5. 성인의 신체 변화 적응

사람의 신체는 수많은 요소들에 의해 변화한다. 내부적인 요소로는 몸 안의 문제(지방, 뼈, 혈액 등)로 인해 발생하며, 외부적인 요소로는 생활환경, 습관, 물질적인 힘 등에 의해 변형된다. 이러하듯 사람의 신체는 수많은 내·외부적인 요인으로 인해 변화하고 있다.[48]

인체의 모든 생리적 기능은 20-25세에 최고치에 도달한 후 나이가 증가함에 따라 점진적으로 감소하며, 60대 이후부터는 그 변화가 더욱 빨라 20대 젊은 사람에 비해 인체 기능이 20-30% 감소하는 것으로 보고되고 있다.[49] 특히 체지방 분포의 변화는 사지 지방 분포에서 중심부(몸통) 증가로 변하고, 이런 현상은 혈액 내 중성지방을 증가시킴으로써 대

---

47) 박상표. 2008. 「영재청소년과 일반청소년의 사회적응력 수준 비교연구」. 박사학위논문, 명지대학교 대학원 청소년지도학과 청소년지도학전공.

48) 마조혜. 2017. 「성인 발레 프로그램이 신체 변화, 자기효능감 및 삶의 질에 미치는 영향」. 석사학위논문, 단국대학교 무용학과 무용학 전공.

49) 김종인, 김태운, 이광무. 1994. 운동요법이 인슐린 비의존성 당뇨병 환자의 신체조성, 체력 및 호흡순환기 능에 미치는 영향. 「한국체육학회지」, 33(3): 418-428.

사 장애를 일으켜 제2형 당뇨, 심혈관계 질환 등을 유발시킨다.[50] 또한 근육 양의 감소와 함께 신체 기능의 저하를 가져온다. 나아가 연령의 증가는 세포의 감소와 세포의 대사 기능을 저하시켜 체단백질이 감소하고 활발하게 작용할 수 있는 조직도 줄어들게 만든다.[51]

Bortz(1982)[52]는 노화에 따른 생리적 변화가 강제적으로 운동을 제한했을 때 나타나는 변화와 동일하다고 하였다. 연령의 증가에 따른 체력의 저하는 약 50%가 불가피하나 나머지 50%는 사용하지 않는 폐용성 위축에 의한 것이며, 중년층은 연령이 증가함에 따라 생리기능의 저하가 가속화되고 운동 부족에 의한 비만도 증가와 고혈압 및 심근경색 등의 심혈관계 질환이 높아진다고 하였다.[53]

성인기에 있어서 신체적 특징은 형태의 변화, 신체 기능의 변화, 운동 능력의 변화를 통해서도 알아볼 수 있다. 이 시기의 특징은 대부분의 능력이 저하 경향을 나타내기 시작하나, 그 경향은 천천히 이루어지므로 자각적(自覺的)으로 느껴지지 않는 것이 보통이다. 성인기의 신체적 변화에 있어서 형태의 변화를 살펴보면 신장은 최대치가 19세에 나타나 40대 후반까지 유지되다가 50대에 조금씩 감소되는 경향을 보이고, 체중은 신장에 비해 최대의 시기가 상당히 늦은데 남자의 경우 31-46세경에 최대치를 나타내고 50세에 들어서면서 천천히 감소한다. 흉위도 체중과 거의 같은 경향을 나타내 20대 후반에 최대에 도달하고 50대에 들어서면서 점차적으로 감소하기 시작한다. 상완위의 경우도 흉위와 거의 같은 경향을 나타낸다.[54]

---

50) Depres, J. P., Moorjani, S., Lupien, P. J., Tremblay, A., Nadeau, A. & Bouchard, C. 1990. Regional distribution of body fat, plasma lipoprotein, and cardiovascular disease. *Arteriosclerosis*, 10: 497-511.

51) 엄미란. 2002. 『여성의 노화경험』. 박사학위논문, 서울대학교 대학원 간호학과 간호학전공.

52) Bortz, W. M. 982. Disuse and aging. *J.A.M.A*, 248: 1203-1208.

53) La Croix, A. Z., Guralnik, J. M., Berkman, L. F., Wallace, R. B. & Satterfield, S. 1993. Maintaining mobility in late life. Ⅱ. Smoking, alcohol consumption, physical activity, and body mass index. *Am. J. Epidemiol*, 137: 88-869.

54) 박길준 외. 1995. 『신체의 발육발달론』. 서울: 상조사.

또한 복잡한 운동 기술도 청소년기나 성년기에 비하여 현저하게 감퇴되었지만 경험을 통하여 습득한 능력 즉, 빠른 조절 능력 등으로 그 감퇴를 보완한다.[55] 성인기에 있어서 신체는 세포수의 저하와 건강 상태의 저하가 서서히 시작되면서 노화가 시작되는데, 노화 현상은 모든 사람에게서 나타나지만 정도는 개인차가 상당히 클 뿐만 아니라, 인체의 기관이나 조직 내에서도 다르다.[56]

다음의 표는 최희남(1997)[57]이 정리한 노화에 따른 연령별 인체 각 기관의 기능 변화를 정리한 것이다.

〈표〉 노화에 따른 연령별 인체 각 기관의 기능 변화

항목	30대	40대	50대	60대
폐활량	100	90	75	60
심박출량	100	94	89	80
최대 심박수	100	91	85	79
심박 출효율	100	94	80	79
기초 대사율	100	96	95	93
근육 강도	100	98	98	95
뇌	100	98	96	95
혈관	100	95	93	91
심장	100	82	80	78
간	100	98	97	97
신장	100	98	81	79
폐	100	90	70	60

55) 전태원. 1994. 『운동검사와 처방』. 서울: 태근문화사.

56) 정현. 2010. 『성인 남·여의 연령추이에 따른 신체구성 및 체력의 변화』. 석사학위논문, 용인대학교 교육대학원 교육학과 체육교육전공.

57) 최희남. 1997. 『건강생활의 지혜』. 서울: 도서출판 태근.

인체는 10대 후반, 장년기 초반(20대 전반)에 여러 가지의 체력 요소가 최고 수준에 도달하여 장년기가 체력의 충실기를 포함하고 있다고 하겠다. 체력이 최고 수준에 도달하는 시기 및 유지하는 시기는 각 체력 요소마다 다르게 나타난다. 즉, 어떤 체력 요소는 증가하는 경향을 유지하는 반면에 다른 요소는 저하 경향을 나타내는 상황이 성인기의 또 하나의 특징이라 하겠다. 이는 각 체력 요소의 변화 경향이 각각에 따라 다르게 나타나기 시작하므로, 한 가지의 체력 요소에 관한 우수함은 꼭 다른 체력 요소의 뛰어남을 의미하는 것은 아니다.[58]

Porter 등(1995)[59]은 25세의 성적을 100으로 하면 65세의 악력은 약 15-30%, 배근력은 40-50%정도 감소한다고 하였다. 이것은 연령 증가에 의한 자연적인 영향일 수도 있고 신체 활동량의 감소로 인해 근육의 위축이나 골밀도의 저하가 원인일 수도 있다. 근력이 우수할수록 여러 가지 신체 활동에 부담을 느끼는 일이 적으며, 여가 활동이나 스포츠 등의 신체 활동을 보다 더 즐길 수 있다.

특히 유연성에 있어서 Kraus(1954)[60]는, 5,000명 이상의 요통 환자 중에서 약 80%는 기질적 질환이 없었음에도 자세 유지와 관계 깊은 근력 및 유연성이 극단적으로 저하하고 있는 것을 발견하였다. 이는 유연성이 떨어지면 많은 경우 자세 결함으로 인한 여러 가지 장해를 예상할 수 있으며, 운동 부족과 유연성 저하 및 요통의 3자간에는 상호 관련성이 높다는 것을 의미한다. 20-29세의 평행성 성적을 100으로 하면 남성은 76%, 여성은 87%로 체력 요소 중 두 번째로 많은 감소를 나타내었다. 다른 연구에서는 50대가 20대에 비해 60%정도 감소한다고 보고하였다. 일반적으로 건강 관련 체력 항목에 평형성은 포함시키지 않고 있으나 연령이 증가할수록 평형성은 중요한 체력 항목으로 간주되어야 한다. 일

---

58) 박길준 외. 1995. 앞의 책.

59) Porter, M. M., Vandervoort, A. A. & Lexell, J. 1995. Aging of human muscle: structure, function and adaptability. *Scandinavian Journal of Medicine & Science in Sports*, 5(3): 129-142.

60) Kraus, H. 1954. Evaluation of posture based on structural and functional measurements. *Physiotherapy Review*, 25: 269.

반적으로 연령이 증가할수록 평형 능력은 감소된다.[61]

Balogun 등(1994)[62]은 40대까지는 평형 능력이 유지되지만 40대 이후에는 남녀 모두 지속적으로 감소된다고 하였다. 연령이 증가함에 따라 평형과 관련이 있는 고유 수용성 감각, 진동 감각, 인지 능력이 감소되고[63], 반응 시간과 체중 이동 시간이 길어진다.

McArdle 등(1981)[64]은 30대의 근지구력의 성적을 100으로 하면, 40대 남성은 약 90%수준을 유지하고, 50대의 남성은 약 85%수준을 유지한다고 하였다. 연령이 증가할수록 일상생활 속에서는 전력으로 달리거나, 차거나, 물건을 들어 올리거나, 던지는 기회보다도 보행, 계단 오르기, 물건 나르기 등의 일정한 근력을 반복하여, 혹은 지속적으로 발휘할 기회가 압도적으로 많다.

임병규와 최종인(1998)[65]은 30대의 심폐 지구력의 성적을 100으로 하면 남성의 경우 40대에서 99%수준으로, 50대에서는 94%의 수준, 60대에서는 89%의 수준을 나타냈다.

아무튼 사람의 신체는 나이를 먹어감에 따라 수많은 내·외부적인 요인으로 인해 변할 수밖에 없다. 따라서 이를 이해하고 인정하며, 나아가 보다 건강하게 살아가기 위한 노력이 필요하다.

---

61) Wolfson, L., Whipple, R, H., Derby, C. A., Anerman, P. M. & Nashner, L. M. 1994. Gender difference in the balance of healthy elderly as demonstrated by dynamic posturography. *GERONTOL*, 160-167.

62) Balogun, J. A., Akindele, K, A., Mihinlola, J. O. & Marzouk, D. K. 1994. Age related changes in balance performance. *Disability and Rehabilitation*, 16(2): 58-62.

63) Kollegger, H., Baumgartner, C., Wober, C., Order, W., & Deecke, L. 1992. Spontaneous body away as a function of sex, age, and vision, posturographic study in 30 healthy adults, EUR. *Neurol*, 32: 253-259.

64) McArdle, W. D., Katch, F. I. & Katch, V. L. 1981. Training for anaerobic and aerobic power. *(In)Exercise Physiology, Lea and Febiger, Philadelphia*, 266-285.

65) 임병규, 최종인. 1998. 성인기의 건강체력 변화에 관한 검토. 「체력과학연구」, 21: 21-32.

6. 노인의 미디어 적응

인터넷, 정보 통신의 발달로 우리 사회에 생성된 스마트 미디어는 디지털 멀티미디어 기술의 진화로 현재도 계속 확장되고 있으며, 디지털 사이니지(digital signage) 등 고도화된 기술이 접목된 새로운 기기와 서비스가 개발되고 있다. 이렇듯 발전된 기술과 서비스는 이용자들에게 다양한 편익을 가져다주는 반면, 상대적으로 새로운 기기 사용이 어려운 노년층에게는 미디어 사용 능력으로 인한 정보 격차 문제를 발생시켰다.[66]

노년기는 기본적으로 노화로 인한 신체적·인지적 어려움 외에도, 정년퇴직에 따른 경제적 비용 감소, 사회관계 단절로 인한 외로움 등의 문제를 갖게 된다.[67] 또한 새로운 기술과 기기의 등장은 아날로그적 삶에 익숙한 노인에게 디지털 소외라는 새로운 형태의 문제를 직면시키게 되었다. 실제로 스마트폰, 키오스크, ATM 기기를 활용하지 못해 은행 업무를 보지 못하거나 표 발권을 못하는 등 현실적인 어려움을 겪는 사례가 등장하고 있다.[68] 우리 사회 노인 세대가 겪는 정보소외 현상은 이미 심각한 수준으로 여겨지는데,[69] 이는 노인들이 단시간에 발전된 인터넷 문화 확산에 참여할 기회가 상대적으로 적었기 때문이며, 신체적 노화로 인해 디지털 기기 조작이 어려웠기 때문이다.[70] 정작 은퇴 이후 사회 활동에서 물러나 있는 노인들은 대부분의 여가 시간을 미디어 활동으로 보내고 있다.

---

66) 김상길. 2023. 노인의 스마트 미디어 이용 능력이 삶의 만족에 미치는 영향 : 사회적 고립감과 자아존중감의 다중매개효과 검증. 『Journal of Knowledge Information Technology and Systems(JKITS)』, 18(3): 537-549.

67) Kang, L. J. 2008. The effects of related factors on quality of life for the elderly. *Journal of the Korean Society of Home Management*, 26(5): 129-142.

68) Kim, H. J. 2019. "I can't even order hamburgers to eat"...Sorry about the 'digital alienation' of the elderly. *Sisa Journal*, 10.

69) Park, J. H. 2011. Icon design : An exploratory study for senio. *Korean HCI Society Conference*, 1: 908-911.

70) Joo, E. C. 2010. Mobile phone adoption by elderly users. *Journalism Science Research*, 10(4): 533-561.

방송통신위원회(2018)[71]의 조사 결과에 따르면, 특히 70대 이상의 연령층 97%는 텔레비전을 시청하는 반면 스마트폰이나 PC, 노트북 사용에 있어서는 27.9%라는 가장 낮게 이용하는 것으로 나타났다.

2018년 한국정보화진흥원의 디지털 정보 격차 실태 조사[72]에 따르면, 장·노년층의 종합적인 디지털 정보화 수준은 일반 국민의 63.1%, 디지털 정보화 역량 수준은 50%에 불과한 것으로 나타났다. 이는 4대 정보 취약계층인 장애인, 저소득층, 농어민, 장·노년층에서도 가장 낮은 수준임을 보여주는 결과라 하겠다. 이뿐 아니라 최근 10년 간 연령대별 스마트폰 활용도를 조사한 결과[73], 노인들의 스마트폰 활용도가 83%로 가장 낮았으며, 특히 60대 이상 여성은 77%만이 소지한 것으로 나타나 가장 취약한 대상으로 조사되었다.[74] 이렇듯 모든 것이 기술로 연결된 현대 사회에서 스마트 미디어를 활용할 수 없다는 것은 노인에게 있어 단순한 불편을 넘어선 생존의 문제로 이어지게 되며, 세대 간 갈등을 불러일으키는 주요한 요인으로 지적되고 있다. 또한 디지털 미디어 자료로 제시된 정보를 습득하지 못해 정보 격차와 사회적 소외의 문제가 발생되는데, 이는 결국 사회적으로는 갈등 심화를, 개인적으로는 삶의 질을 하락시키는 주요 요인으로 작용되고 있다.

기존 연구에 의하면, 스마트 미디어 활용이 가능한 노인들의 삶은 그렇지 않은 노인들에 비해 더 윤택한 삶을 사는 것으로 보고되는데, 이는 정보화 기기를 활용함으로써 정서적·심리적·사회적 소외감과 무기력이 약화되고 주변 사람들과의 사회적 교류가 가능해

---

71) 방송통신위원회. 2018. 『2018 방송매체 이용행태조사』. 서울: 방송통신위원회.

72) National Information Society Agency. 2019. *2018 digital information divide survey*. Seoul: National Information Society Agency

73) Gallup Korea. 2022. 2012-2021 *smartphone usage rate & brand*, *smart watch*. Survey of Wireless Earphone.

74) Kim, J. W. 2022. The effects of the use of smart devices by the elderly on life satisfaction : Focusing on the Mediating effects of self-esteem. *Journal of Korean Contents Society*, 22(5): 424-434.

지기 때문으로 여겨진다.[75) 김경래 등의 연구[76)에 의하면 스마트 미디어를 사용 가능한 노인일수록 폭넓은 대인관계를 가능케 함으로써 삶의 만족을 향상시켰으며, 스마트폰 활용 능력이 증가할수록 삶의 만족에 긍정적인 영향력을 미치는 것으로 나타났다. 특히 자녀가 외국에 있거나 혼자 살고 있는 노인일수록 스마트폰 이용 양상이 활발할수록 높은 만족감을 보였다.[77)

또한 정보화 시대 스마트 미디어 이용 능력은 노인의 자아존중감을 향상시키는 변수로도 주목받고 있다. 실제 모바일 통신기기 사용이 노인의 심리적 안정과 자아존중감에 긍정적인 영향을 미쳤으며[78), 정신적 측면에 있어 건강할 수 있도록 영향을 미쳐 노인의 전반적인 삶의 질을 향상시킬 수 있는 주요한 요인으로 꼽히고 있다.[79)

그렇다면 노인들을 위한 미디어 교육이 사회 곳곳에서 활발히 실시될 필요가 있을 텐데, 그에 대한 현황과 방향을 살펴보도록 하자.

---

75) Chung, S. H. & Kim, T. W. 2014. A study on improvement of smartphone use for seniors : improvement plans in perspectives of bodily perception and understanding of terms, concepts and technologies. *Design convergence study*, 13(2): 277-295.

76) Kim, K. G., Nam, N. H., Jung, J. W., Song, G. M., Yang, C. M. & Lee, S. H. 2016. Policy support for the last phase of life for oldest-older people in a post-aged Korea. *Korea Institute for Health and Social Affairs*, 39: 16-39.

77) Lee, K. J. & Lee, S. H. 2018. A study on the characteristics of smatphone use by the elderly: focused on women over 70 years old. *Korean Journal of Gerontological Social Welfare*, 73(2): 193-216,

78) Kim, S. Y., Choi, M. S., Chung, C. D. & Hong, Y. S. 2009. A study on the effects of mobile communicational devices on the emotional stability of the elder person. *The Journal of the Institute of Web casting, Internet Television and Telecommunication*, 9(6): 219-226.

79) Hwang, H. G. 2022. A Convergence Study on How the Elderly's Smart Device Use, Media Use Behavior, and Use Time Affect Mental Health Experience Emotions. *The Korean Society of Science & Art*, 40(5): 467-480.

우선 노인을 대상으로 한 미디어 교육은 그들에게 미디어와 관련된 지식 함양뿐만 아니라, 사회에 적응할 수 있는 발판이 되어 소외된 현실에서 벗어날 수 있도록 해준다. 따라서 실질적으로 교육이 이루어지는 장소와 내용이 중요하다. 노인 대상 미디어 교육은 주로 미디어 센터, 복지관, 평생교육 기관 등에서 이루어지고 있는데, 세부 내용은 컴퓨터를 활용한 문서 작업부터 스마트폰, 인터넷 교육을 포함해 영상물을 제작하는 것도 포함된다. 전국미디어센터협의회에 따르면 노인 영상 동아리에서는 영상물을 제작하는 것 외에도, 그 지역의 행사들을 기록하는 사진전, 상영회 등을 개최하고, 지역 노인의 자서전을 영상으로 제작하는 등 다양한 미디어 활동을 하며, 더 나아가 공동체 라디오나 인터넷 방송을 통해 영상물을 송출하기도 한다.[80] 특히, 현재 국내 미디어센터에서 진행되는 노인 미디어 교육은 스마트폰 활용 교육 및 영상교육이 많은 부분을 차지하고 있다. 이러한 미디어 교육은 각 미디어 센터마다 지역별 차이가 있으며, 진행되는 교육들은 대부분이 스마트폰 교육과 영상 교육에 집중해 있다. 다음의 〈표〉는 김지현(2019)[81]이 정리한 지역별 미디어 센터에서 진행되는 노인 미디어 교육 프로그램에 대한 현황이다.

〈표〉 지역미디어센터의 노인 미디어 교육 프로그램 현황

지역	미디어 센터	프로그램	미디어 교육 목표
서울특별시	노원마을미디어지원센터	이틀만 투자하면 유튜브 한다	지각/지식
	성북마을미디어지원센터	우리 마을 다큐 제작 교육	상호작용/ 구성 및 제작
인천광역시	주안영상미디어센터	미추홀 미디어 제작단 : 유튜브 크리에이터	상호작용/ 구성 및 제작
		시니어, 유튜버 되다!	상호작용/ 구성 및 제작

---

80) 강진숙, 조재희, 김지연. 2018. 『미디어 소수자를 위한 미디어 교육 프로그램 개발 방향 연구』. 서울: 방송통신위원회.

81) 김지현. 2019. 『노인들의 유튜브 영상제작과 미디어 교육에 대한 연구 : 미디어 사회적 기업 〈은빛 미디어〉 사례를 중심으로』. 석사학위논문, 중앙대학교 대학원 미디어커뮤니케이션학과 미디어커뮤니케이션전공.

경기도	부천시민미디어센터	부천시니어멘토스쿨	상호작용/ 구성 및 제작
		다큐필 : 시니어 관객단	비판/비평
	성남미디어센터	시니어 1인 크리에이터	상호작용/ 구성 및 제작
		시니어 희망뉴스	비판/비평
	의정부영상미디어센터	이팔청춘 스마트 영상 제작	상호작용/ 구성 및 제작
	수원미디어센터	시니어 웹드라마 : 희로애락	상호작용/ 구성 및 제작
		이제, 레디 액션	상호작용/ 구성 및 제작
강원도	원주영상미디어센터	액티브 시니어_ Vlog 제작하기	상호작용/ 구성 및 제작
		내 인생, 레디 액션 (시니어 스마트폰 영상 제작)	상호작용/ 구성 및 제작
전라남도	광주시청자미디어재단	시니어 영상 연하장 만들기	상호작용/ 구성 및 제작
	순천영상미디어센터	주트박스 실버 영화	상호작용/ 구성 및 제작
전라북도	전주시민미디어센터	덕진 노인 방송국	상호작용/ 구성 및 제작
	익산공공영상미디어센터	어른 영상 제작 교육 : 실버들의 봄날은 온다	상호작용/ 구성 및 제작

　이상과 같이 미디어센터를 통한 미디어 교육이 활발하게 진행되고 있을 뿐만 아니라, 간단한 스마트폰의 활용에서부터 영상 제작에 필요한 툴을 배우고, 직접 영상 제작을 할 수 있도록 하는 다양한 교육들이 점차 증가하고 있다. 새로운 미디어의 변화로 인해 뉴미디어를 배울 수 있도록 하는 교육들도 나타나고 있다. 이를테면, 드론을 통한 영상 제작, 1인 크리에이터 교육, 유튜브 영상 제작하기와 같은 것들이다. 노인 미디어 교육은 이러한 미디어를 학습하고 이해하고 직접 제작하는 미디어 능력을 기르는데 기인한다. 그러나 이러한 미디어 능력을 기르는 일은, 그것에서 그치는 것이 아니라 교육이라는 측면에서 노인들이 사회에 적응할 수 있는 지식과 정보를 제공하고, 필요한 교양을 갖추게 함으로써 그들의 삶의 질을 높이는 중요한 일이 되는 것이다.[82]

---

82) 성연옥. 2012. 고령화시대의 노인교육에 관한 연구.『기업경영리뷰』, 3(2): 33-52.

현재의 노인 영상 미디어 교육은 진행하는 프로그램별, 지속성의 부분에서 차이점을 보이고 있으며, 이는 지역적 특성으로 나타나고 있다. 노인 미디어 교육은 이처럼 단발성 교육부터 지속적인 교육의 형태로 진행되고 있으며, 교육의 지속성에 따라 그 프로그램별 주제가 달라진다는 특성을 가진다. 그러나 수도권 중심으로 운영되고 있으며 전국의 모든 지역에서 노인을 위한 맞춤형 미디어 교육이 진행되지는 않고 있다. 따라서 노인들을 위한 맞춤형 미디어 교육이 지속적으로 계획 및 운영될 필요가 있다.

노인들은 사회적 관계로부터 단절될 가능성이 매우 높기 때문에 사회적 배제의 대상이 될 수밖에 없다. 노인이 되면 스스로 목소리를 낮춰야 하고, 사회적 네트워크도 축소시키기를 바라는 사회적 분위기에서 노인들은 배제의 대상이 되기도 하지만, 스스로 사회로부터 자신을 배제시키기도 한다. 노인의 사회적 배제는 정치와 경제, 사회, 문화, 교육, 주거 환경 등 다양한 영역에서 나타날 수 있다. 그리고 각 영역들은 독립된 것이 아닌 상호 연관성을 지니고 있다.[83]

따라서 은퇴 이후 사회생활에서 멀어진 노인들이 미디어 활동을 통해 새로운 삶의 영역을 개척해 나갈 수 있도록 도울 필요가 있다. 특히 전통적 미디어들은 수동적이면서 소비적인 시청이나 청취에 머물러 있다면, 뉴미디어 활동은 소통과 제작이라는 능동적이고 생산적인 활동을 통해 자아존중감 회복과 사회와의 연결을 시도한다는 측면에서, 노인들의 삶을 질을 높일 수 있다. 그러므로 노인들이 자신의 삶을 성찰하고 반추하는 내면적 성장에서 출발하여, 이웃과 마을, 지역사회에 대한 관심을 확장시켜 나와 이웃을 입체적으로 조망하고 통찰할 수 있는 기회 제공의 측면에서 미디어 활동을 실천해보자.[84]

83) 유현숙. 2019. 노인의 사회적 배제에 관한 연구. *Asia-pacific Journal of Multimedia Services Convergent with Art, Humanities, and Sociology*, 9(10): 619-633.

84) 신수현. 발행년불명. 『노인 미디어 교육 사례와 미디어 인식변화연구 '나와 공동체를 향한 통찰의 기회'』. 발행처불명.

IM
POSSIBLE
적응 강화를 위한 독서치료

아동의
적응 유연성 강화를 위한
독서치료 프로그램

첫 번째 적응

아동의
적응 유연성 강화를 위한
독서치료 프로그램

1. 프로그램 목표

세상은 계속 변하고 있다. 따라서 그 안에서 살고 있으며, 앞으로도 살아내야 하는 사람들 또한 변해야 한다. 이와 같은 변화는 인류가 존속하는 한 이어질 것이다. 그러므로 수용이 불가피하다는 점을 인식하고 나아가 유연하게 대응할 수 있는 방안을 모색하는 자세도 필요하다.

변화는 불안이나 두려움과 같은 감정을 불러일으킨다. 하지만 그와 같은 감정을 극복하고 급변하는 환경이나 상황에 적응하기 위한 노력을 더한다면, 분명 새로운 기회 속에서 다양성과 풍요로움까지 얻을 수 있을 것이다.

그런데 이와 같은 변화에 적절히 대응하기 위해 필요한 것이 적응 유연성이다. 적응 유연성은 상황에 맞게 생각과 행동을 조절할 수 있는 능력을 뜻한다. 따라서 적응 유연성이 높으면 정서적 안정성을 유지하면서 변화에 적절히 대처할 수 있기 때문에, 개인의 성장과 발전에 큰 도움이 된다. 또한 적응 유연성을 갖춘 사람들은 다양성을 인정하며 타인의 의견을 수용하거나 협업을 하는 데에 있어서도 개방적인 태도를 취하므로, 협력을 증진시킬 수 있다. 따라서 적응 유연성은 성공적으로 살아가는데 필요한 필수적인 능력이라고 할 수 있다.

아동은 교과 학습 및 사회 학습의 경험이 적은 대상이다. 따라서 어떤 상황에 적응을 하는 것이 첫 번째 과제이기 때문에 유연성까지 기대하는 것은 매우 어려울 수 있다. 그럼에도 보다 많은 고정관념이 자리 잡기 전에 유연한 사고와 마음가짐, 행동을 갖는 것의 중요성을 알릴 수 있다면, 적응 유연성이 점차 높아질 것이라는 기대를 하고 있다. 결국 본 프로그램의 목표는 독서치료를 통해 참여 아동들의 적응 유연성을 강화시키는 것이다. 참여 아동들이 처해 있는 환경에서 위험 요인은 제거를 하고 보호 요인은 강화할 수 있다면, 그들은 심리 · 정서적으로 보다 건강한 삶을 살아갈 것이다.

2. 프로그램 구성

이 프로그램은 초등학교 중학년(3-4학년)을 대상으로 구성되었다. 따라서 저학년(1-2학년) 혹은 고학년(5-6학년)을 대상으로 하고 싶다면, 문학작품과 관련 활동을 적정하게 바꿀 필요가 있다.

세션 당 운영 시간은 1시간 30분으로, 이는 초등학교 1교시 수업이 40분씩이라는 점을 감안하여 쉬는 시간을 포함해 2교시를 연결한 것과 같다. 따라서 참여 아동들이 집중력 있게 프로그램에 참여하는 세션이면 1시간 30분을 연결해 운영하는 것이 좋을 테고, 만약 그렇지 않다면 쉬는 시간을 통해 환기를 하고 다시 이어가는 것을 권장하는 바이다.

세부목표의 흐름은 프로그램에 대한 소개 및 집단 서약서 작성하기, 자기 소개하기가 포함된 '마음 열기'를 시작으로, 사회와 학교, 가정과 개인에 이르기까지 거시적인 측면으로부터 참여 아동 자신이 갖고 있거나 경험한 위험 요인을 점검하는 것으로 이어진다. 이어서 점검을 통해 밝혀진 위험 요인들은 개인과 가정, 또래와 학교, 사회에 이르는 보호 요인들을 강화하는 작업을 통해 제거 및 보완하고자 한다. 나아가 결국 이와 같은 변화에 따른 위험 요인들을 인식하고 보호 요인을 만들어 가야 하는 것은 아동 자신이기 때문에, 자기효능감과 자아존중감을 높여주는 것으로 마무리가 된다.

이상과 같은 세부목표 달성을 위해 매 세션마다 함께 읽고 이야기를 나눌 문학작품은 그림책이 주가 된다. 그림책은 독서치료에서 많이 활용되는 인쇄 자료의 한 종류로, 분량이 적기 때문에 치료사가 읽어줄 수 있어서 참여 아동들에게는 읽어 와야 하는 과제가 없다는 장점이 있다. 또한 그림과 글이 조화를 이룬 책이기 때문에 동일시를 할 수 있는 요소가 많아, 특히 글에 대한 이해가 부족하여 말로써의 표현도 어려울 수 있는 아동들에게 매우 적합하다.

다음으로 독서치료 문학작품을 읽고 수행할 관련 활동은, 질문이 담긴 활동지에 적정 답변을 쓰는 글쓰기부터, 상대적으로 대부분의 아동들이 선호하는 그리기나 만들기 등의 미술 활동, 그리고 역할극 등의 연극 활동을 주로 선정하였다. 이 가운데 역할극 등의 연극 활동은, 비슷한 상황을 설정하여 아동이 직접 참여해 특정 역할을 해봄으로써 실제로 그 일을 겪었을 때 자연스럽게 표현할 수 있는 힘을 길러주는 것이 목적이다.

다음의 〈표〉는 이상의 내용을 종합적으로 구성한 아동의 적응 유연성 강화를 위한 독서치료 프로그램의 세부 계획서이다.

〈표〉아동의 적응 유연성 강화를 위한 독서치료 프로그램 계획

세션	세부목표	문학작품	관련 활동
1	마음 열기	도서 : 상냥한 거리	프로그램 소개, 집단 서약서 작성, 자기 소개하기
2	위험 요인 점검 1 - 사회	도서 : 나는, 비둘기	~ 하는 ○○○
3	위험 요인 점검 2 - 학교	도서 : 미라의 처음 학교 가는 날	동적 학교화(KSD)로 점검 하는 학교 위험 요인
4	위험 요인 점검 3 - 가정	도서 : 덜렁이 꼬마의 산책	동적 가족화(KFD)로 점검 하는 가정 위험 요인
5	위험 요인 점검 4 - 개인	도서 : (세상에서 가장 못생긴 강아지) 해피	MMTIC 검사 실시 및 해석
6	보호 요인 강화하기 1 - 개인	도서 : 숨고 싶은 아이	가면 만들기
7	보호 요인 강화하기 2 - 가정	도서 : 가족	가족 울타리 구성하기
8	보호 요인 강화하기 3 - 또래	도서 : 똑, 딱	당신의 이웃을 사랑하십니까?, 손님 모셔오기
9	보호 요인 강화하기 4 - 학교	도서 : 닐루는 학교에 가지 않아	내가 바라는 학교 및 수업 설계하기
10	보호 요인 강화하기 5 - 사회	도서 : 어려워	사회에서의 어려움 격파하기
11	자기효능감 높이기	도서 : 나한테 좋은 생각이 있어	나만의 방법 외치기
12	자아존중감 높이기	도서 : 다음에는	나의 강점 배틀, 참여 소감 나누기 및 종결

1 세션

1. 세부목표 : 마음 열기

아동은 상담 치료 장면에서도 가장 많이 만날 수 있는 대상이다. 하지만 그들은 자신의 문제가 무엇인지 모르거나 인정을 하지 않는 상태이기 때문에, 자발적으로 상담 치료를 받으러 올 가능성은 매우 낮다. 따라서 부모님이나 선생님 등 주변의 중요한 어른들에 의해 의뢰되는 경우가 많은데, 상황이 이렇다 보니 치료사와의 라포 형성이 더디고 치료 과정 또한 어렵게 진행되는 경우가 많다. 때문에 특히 아동을 만나는 치료사들은 그들을 이해시키고 자발적 동기를 불러일으켜 결국 치료 효과를 높이고자 많은 노력을 기울인다. 그야말로 그들 스스로가 마음을 열어 자신의 건강과 행복을 위해 노력할 수 있도록 하는 것이다. 그런 맥락에서 1세션은 매우 중요하다.

2. 문학작품

도서 : 상냥한 거리 / 임민지 글·그림 / 다림 / 2023

사람들마다 다른 평가를 내리겠지만, 우리가 사는 세상이 마냥 아름답고 평화롭다고만 말하는 이는 거의 없을 것이다. 이는 곧 세상이 때때로 위험하기 때문에 각 개인은 자신을 지키기 위한 수단을 갖고 있거나 항상 어떤 노력을 해야 한다는 의미이기도 하다.

그런 맥락에서 "나도 이다음에 크면 가시가 나요?"라는 주인공의 질문은, 아직은 어려서 그럴 필요가 없었는데 점차 험난한 환경에 적응하려면 가시가 필요하다는 것을 이미 인식하고 있는 것 같은 느낌을, "언젠가는 너도 가시가 돋을 거야. 가시는 누구에게나 있으니까."라는 엄마의 답변에서는 이미 다들 그렇게 살아가고 있다는 점을 재인식 시켜주는 것 같은 느낌을 받았다.

하지만 우리는 마음만 먹으면 언제든지 예쁜 꽃을 피울 수도 있는 사람들이다. 상냥한 마음으로 다른 사람을 똑같이 만들 수 있고, 나의 꽃으로 다른 사람의 꽃도 피우게 만들 수 있다.

첫 번째 세션의 문학작품으로 이 그림책을 선정한 이유는, 적응을 위한 과정에서의 예민함은 가시로, 유연성은 꽃으로 비유해 이야기를 시작할 수 있을 것 같았기 때문이다. 아직은 어리기 때문에 가시가 하나도 없거나 적을 아동들이, 이 프로그램을 통해 적응 유연성을 키워 잠재된 가시조차도 꽃으로 피워내고 그 향기를 널리 퍼트릴 수 있기를 바란다.

3. 관련 활동

1) 프로그램 소개

참여 대상이 초등학교 중학년 학생으로 아직은 어리기 때문에, 프로그램에 대한 소개를 자세히 해주면 좋겠다. 더불어 상담 치료라는 말을 통해 마음의 불편함을 불러일으키거나 상처를 주기보다는, 학교 등에 적응을 잘 할 수 있도록 도와주는 책읽기 프로그램이라는 설명 정도로 대체를 하는 것이 바람직하겠다.

2) 집단 서약서 작성

집단 서약서는 참여 아동들이 프로그램에 참여하는 동안 규칙을 잘 지켜서, 결국 종합 목표를 달성할 수 있도록 하려는 의도이다. 그러므로 '매 세션마다 제 시간에 참여한다.', '프로그램 중에는 휴대폰을 끈다.', '다른 사람의 발표를 열심히 듣는다.', '활동에 적극적으로 참여한다.' 등과 같은 항목을 중심으로 활동지를 만들어 배부하고, 각 항목을 큰 목소리로 소리 내어 읽어보게 한 다음, 아동별로 사인을 하게 한 뒤 치료사가 수거를 해서 보관한다.

3) 자기 소개하기

이 프로그램의 자기소개는 선정 문학작품인 '상냥한 거리'의 내용을 응용하여, 긍정적이고 능동적이며 화사하고 향기로운 측면의 내 모습은 '상냥한 나'에, 반대로 부정적이고 수동적이며 칙칙하고 어두운 측면의 내 모습은 '쌀쌀맞은 나'로 구분해 각각 정리해 적은 뒤, 그 내용을 발표하는 것이다. 활동 시 참여 아동들에게 제시할 활동지는 〈활동 자료 1〉에 담겨 있다.

●

상냥한 나 쌀쌀맞은 나

긍정적이고 능동적이며 화사하고 향기로운 측면의 내 모습은 '상냥한 나'에, 반대로 부정적이고 수동적이며 칙칙하고 어두운 측면의 내 모습은 '쌀쌀맞은 나'에 각각 정리해 보세요.

상냥한 나	쌀쌀맞은 나

2 세션

1. 세부목표 : 위험 요인 점검 1 – 사회

사람들은 사회 속에서 집단을 이루며 살아간다. 그 이유는 함께 살아감으로써 얻을 수 있는 것들이 많아, 결국 생존에 유리하기 때문이다. 하지만 기회는 동시에 위기이며 얻는 것이 있으면 잃는 것 또한 있다. 이런 법칙은 아동들에게도 그대로 적용되므로, 그들의 적응을 어렵게 하는 사회적 위험 요인들은 무엇이고, 어떤 측면에서 어떤 영향을 얼마나 끼치고 있는지 점검할 필요가 있다.

우리가 당면하고 있는 현대 산업사회의 성찰적 근대화에 관해 독일의 사회학자인 '울리히 벡(Ulrich Beck)'이 쓴 책『위험사회 : 새로운 근대성을 향하여 / 홍성태 옮김 / 새물결 / 2014』의 내용에 따르면, 그가 말하는 위험(risk)은 '눈앞의 위험'이라기보다는 '직접 감지되지 않는 위험'이다. 직접 감지되지 않는 것은 예측이 불가능하여 불안감을 낳고, 이 감정은 사람을 더 큰 위험에 빠트릴 수도 있다. 그런데 그는 현대 산업사회가 무모한 모험을 체계적으로 재생산하고 있다고 말한다. 특히 환경오염으로 인한 생태계의 파괴, 사람들의 호르몬 변화 등을 초래한 과학기술 문명은 체계적으로 위험 상황을 생산해 내고 있으며, 이는 초국가적이어서 지구적 위해를 낳는다는 것이다. 이는 부메랑 효과로 인해 지구상의 누구도 안전한 곳에서 살기 어렵게 만든다고 하니, 이런 상황을 어떻게 극복해 나갈 것인가에 대한 방안 모색이 시급하다는 생각이 든다.

다음은 아동들에게 사회적 위험 요소가 될 수 있는 '소셜 미디어'의 잠재적 위험 요소를 정리[85]한 것이다.

---

85) Stephin Wien. 2024.『소셜 미디어, 아이들에게 얼마나 위험할까?』. 출처: https://stephinwien.tistory.com/763

① **사회적 비교와 FOMO**(Fear of Missing Out) : 완벽하게 필터링된 다른 사람들의 삶을 보고 자신의 부족함을 느끼거나, 놓치는 것에 대한 두려움으로 불안감을 느낄 수 있다.

② **중독 및 자제력 저하** : 과도한 사용으로 인해 다른 활동(학교, 취미, 친구)을 소홀히 하고, 충동 조절에 어려움을 겪을 수 있다.

③ **수면 부족** : 잠들기 전에 스마트폰 사용은 수면 장애를 유발하여 인지 기능 저하로 이어질 수 있다.

④ **뇌 발달에 미치는 영향** : 특히 초등학생의 경우, 과도한 스마트폰 사용은 뇌 발달에 부정적인 영향을 미칠 수 있다.

⑤ **사이버 폭력** : 악플, 혐오 표현, 개인 정보 유출 등 온라인 상에서 발생하는 폭력으로 인해 심리적 피해를 입을 수 있다.

⑥ **잘못된 정보** : 소셜 미디어는 가짜 뉴스, 왜곡된 정보, 편향된 의견 등이 쉽게 퍼질 수 있는 공간이다. 아동들은 이런 정보를 비판적으로 판단하지 못하고 쉽게 영향을 받을 수 있다.

2. 문학작품

도서 : 나는, 비둘기 / 고정순 글·그림 / 만만한책방 / 2022

이 그림책의 제목에 포함된 '나는,'에는 두 가지 의미가 담겨 있다. 첫 번째는 주인공인 비둘기가 다른 대상과 구분 지을 수 있는 자신을 가리키는 말이다. 이어서 두 번째는 '떠서 위치를 옮겨가다'의 의미로 '하늘을 날다.'와 같은 형태로 쓰이고는 한다. 따라서 그림책을 읽기 전 활동으로 저자의 의도를 통해 내용을 짐작해 보면, 주인공 비둘기는 분명 '날개'를 갖고 있는 새이지만 '날기'에서 어려움을 겪을 것이다. 이는 곧 자아정체성의 상실로 이어지면서, 그것을 회복하기 위한 노력이 더해질 것이다.

이런 예측을 하며 책장을 넘겨보니, 비둘기는 결국 사람들에 의해 날개와 다리를 잃었다. 그래서 하늘을 나는 것은 물론이고 먹이를 구하는 것조차 쉽지 않은 삶을 살아간다.

그럼에도 언젠가는 다시 하늘을 날고 싶다는 바람, 날 수 있을 것이라는 희망으로 힘듦을 견디고, 결국 검은 비닐봉지를 날개삼아 높은 건물에서 뛰어 내린다.

이 그림책의 주인공인 비둘기는 아동과 같은 입장이다. 왜냐하면 사람들이 만들어 놓은 환경에 적응하며 살아야 하는 점이, 어른들이 만들어 놓은 사회에 적응하며 살아야 하는 아이들과 똑같은 상황이라고 생각했기 때문이다. 다만 차이점이라면 아동들을 보호하거나 도우려는 어른들이 많다는 점일까? 비둘기가 처한 상황을 바탕으로 아동들이 경험하는 사회 위험 요인을 점검하기 위해 선정한 문학작품이다.

3. 관련 활동

1) ~ 하는 ○○○

이 활동 역시 선정 문학작품의 제목과 내용을 응용한 것으로, 참여 아동들이 사회에서 경험하는 위험 요인을 직접적으로 표현할 수 있도록 돕는 것이 목표이다. 활동 결과의 예로는 '주저하는 김○○'이라는 제목 아래, 본인이 어떤 상황에 위험을 느껴 주저하게 되는지에 관해 적도록 하면 된다. 활동 시 참여 아동들에게 제시할 활동지는 〈활동 자료 2〉에 담겨 있다.

●

~ 하는 ○○○

여러분들이 느끼는 사회 위험 요인에는 어떤 것들이 있나요? 실제 그런 상황이 발생했을 때 주로 내가 취하는 태도를 중심으로 제목을 정하고, 구체적인 예들을 적어보세요.

(예시) 주저하는 김○○	• **횡단보도를 건널 때** : 빠르게 달리는 오토바이와 자동차가 많아서 • **학교나 학원에서 발표를 할 때** : 똑똑한 친구들이 많아서 혹시 나의 대답이 틀렸을 때 놀림을 당할까봐

3 세션

1. 세부목표 : 위험 요인 점검 2 – 학교

다음은 경기도학교안전공제회[86]에서 만든 '학교 안전 위험 요인 확인 리스트'로, 학교 현장의 위험 요인을 파악하고 이를 개선함으로써 학교 안전사고를 예방함이 목적이라고 한다. 따라서 위험 요인을 '등하굣길', '실내 장소(복도, 계단 등)', '체육 활동 장소' 등으로 구분지어 위험 요인을 점검해볼 수 있도록 되어 있는데, 세부 내용은 다음과 같다. 만약 학교에서 본 프로그램을 운영하게 된다면, 이 요소들을 중심으로 학교 위험 요인을 점검해 보는 것도 좋겠다.

① 등하굣길 교통 안전 위험 요인

위험 요인	안전	위험	개선여부
교문 출입자와 도로 운전자 상호간의 시인성을 제한하는 구조물			
교문 출입자와 도로 운전자 상호간의 시인성을 제한하는 교문 주변 무단 주차 차량			
보행자와 차량 출입지점 미분리			
횡단보도 이용자에 대한 차량 운전자의 시인성을 제한하는 설치물			
횡단보도 인근의 무단 주차 차량			
통학로의 무단 주차 차량			
학교 출입 지점 인근 차량 회전 지점에 보행자 보호시설 미설치			
통학로 상의 횡단보도 앞 과속 방지 시설 미설치			

---

86) 경기도학교안전공제회. 2023. 「학교 안전 위험 요인 확인 리스트」. 출처: https://www.ggssia.or.kr/ sub/sub02_02.php?boardid=ad&mode=view&idx=35

위험 요인	안전	위험	개선여부
차도와 보도가 명확하게 분리되지 않은 통학로			
충분한 보행 공간이나 보호시설을 갖추지 못한 통학로			
보행자의 통행을 방해하는 적재물			
보호 장비를 갖추지 않은 자전거 등교생			

② 등하굣길 보행 안전 위험 요인

위험 요인	안전	위험	개선여부
학교 담장을 타고 넘을 수 있는 구조물이나 시설물			
학교 출입문 앞에 설치된 볼라드(bollard: 차량진입방지용 구조물)			
파손되거나 보행 공간으로 돌출된 담장 시설물			
보행자의 신체와 부딪히거나 빠질 수 있게 설치된 시설물			
등하교 보행로의 통행을 방해하는 방치된 적재물			
보행로에 미끄러질 수 있게 설계된 계단 디딤판 경계			
바닥면이 고르지 못하거나 미끄러질 수 있도록 설치된 보행로			
완전하게 철거되지 않은 보행로 바닥의 시설물 또는 파손된 시설물			
보행자와 운전자 상호간의 시야가 제한되는 건물 주차장 출입지점			
보행로 상의 금속이나 대리석 재질의 맨홀 덮개			
공사 현장에 출입제한 펜스 등 제대로 설치되지 않는 안전 시설			
공사 현장 주변의 고르지 못한 보행로 바닥			
펜스 등 안전 시설이 제대로 설치되지 않는 하천 보행로			
파손되었거나 제대로 설치되지 않아 보행로 바닥에서 돌출된 가로수 보호틀			

③ 실내 복도 안전 사고 위험 요인

위험 요인	안전	위험	개선여부
충분한 밝기가 고르게 제공되지 않는 복도			
보행자가 쉽게 미끄러질 수 있는 매끄러운 바닥재질의 복도			

복도 일부의 금속 재질 바닥			
바닥 높이의 변화를 명확하게 표시하지 않는 복도			
미끄럼 방지 방안을 마련해 놓지 않는 복도의 경사로			
보행자가 떨어질 수 있는 복도 경사로의 부적절한 난간 설치			
맞은편 보행자에 대한 시야를 확보할 수 없는 복도 회전 구간			
바닥이 패이거나 들뜨는 부착물이 있는 복도			
추락 방지 시설이 미흡하거나 외부에 노출된 건물 연결 복도			
추락 방지를 위한 안전바가 설치되지 않은 복도			
갑자기 떨어질 수 있는 복도 천장 시설물과 마감재			
복도의 보행자 공간으로 돌출된 복도 외부 창문틀 받침대			
출입문 이용자가 부딪힐 수 있도록 복도로 돌출된 구조물			
보행자가 잡을 수 없다거나 부딪힐 수 있게 설치된 복도의 핸드레일			
복도 벽에서 돌출된 시설 점검구 손잡이			
보행자의 발이 의자 밑으로 들어갈 수 있도록 설치된 복도 의자			
복도 방향으로 돌출되어 있는 우산 걸이대 고리			
방화 셔터 아래에 놓인 의자, 급식대, 벽보			
복도 벽에서 돌출된 미철거 시설물			
적합한 지역에 설치되지 않은 식수대			
매끄러운 복도 바닥에 별다른 미끄럼 방지 방안을 마련하지 않고 설치된 식수대			
불안전하게 설치된 식수대 발디딤판			
복도 창가나 출입문 인근에 놓인 의자			
복도 보행자 이동경로 상에 설치한 의자			
복도 기둥의 폭보다 넓거나 보행자의 신체와 부딪힐 수 있는 위치에 설치된 액자나 거울			
복도 보행자의 신체와 부딪힐 수 있는 위치에 걸려 있는 시계			
복도 보행자의 신체와 부딪힐 수 있는 위치에 걸려 있는 소화기			
복도 바닥으로 떨어질 수 있는 위치에 놓인 소화기			

위험 요인	안전	위험	개선여부
복도에 물기를 발생시킬 수 있는 우산보관함			
벽면 돌출형 게시물의 파손 부위			
제대로 닫히지 않는 시설물의 문			
복도 벽에 고정해 놓지 않는 가구			
복도에 설치해 놓은 운동기구			
복도 바닥에 고정되어 있지 않는 출입문 바닥 매트			
좁은 복도의 양면에 설치해 놓은 신발장			
아이들이 딛고 올라서거나 부딪힐 수 있는 복도 설치물			

④ 실내 계단 안전 사고 위험 요인

위험 요인	안전	위험	개선여부
학생의 신체적, 행동적 특성을 고려하지 않은 낮은 높이의 계단 난간			
발로 딛고 올라갈 수 있도록 설계된 계단 난간			
경계가 불명확하거나 미끄럼 방지 시설을 설치하지 않은 계단			
계단에 설치된 미끄럼 방지 패드의 파손이나 노후화			
계단 이용자의 발이 걸릴 수 있는 계단 바닥의 장식물이나 시설물			
이용자의 머리가 부딪힐 수 있는 계단 통로			
이용자가 떨어질 수 있는 계단통(stairwell)에 추락 방지망의 미설치나 부실한 설치			
계단 시작 지점의 바닥에서 돌출된 설치물(미끄럼방지 패드, 문 스토퍼, 문틀)			
계단 이용자 상호간의 시인성이 제한되는 계단 통로			
계단 바닥에 대한 보행자의 주의나 시선을 약화시키는 장식이 설치된 계단			
계단 보행자의 신체와 부딪힐 수 있는 계단 벽 시설물			
미끄럼을 타고 내려올 수 있도록 디자인된 계단 핸드레일			
파손된 계단 핸드레일			
계단 핸드레일의 파손되거나 돌출된 부착물			
계단 핸드레일 근처에 부착된 시설물			

위험 요인	안전	위험	개선여부
계단참에 설치된 유리 장식장이나 전시물			
계단참에 설치된 의자			
계단 통로 끝지점에 보행 흐름을 방해할 수 있는 설치물			
계단 구조물 아래에 대한 접근 통제 시설 미설치			
계단 구조물 아래에 설치된 신발장, 수납장, 창고, 장식물			

⑤ 실내 기타 안전 사고 위험 요인

위험 요인	안전	위험	개선여부
복도 방향으로 열리는 출입문			
학생 생활 공간 출입문에 임의로 잠글 수 있도록 설치된 시건 장치			
손잡이의 위치가 부적절하거나 손 끼임 방지 방안이 마련되지 않은 교실 등의 출입문			
출입문 이용자의 신체와 닿을 수 있는 위치에 설치된 경첩			
출입문 이용자의 발이 부딪히거나 걸려 넘어지거나 미끄러질 수 있는 출입문 바닥의 설치물과 적재물			
비상 시 양방향 대피가 불가능한 교실 등의 출입문			
특정 공간에서 발생할 수 있는 응급 상황의 대처법을 안내해 놓지 않는 것			
급식실의 매끄러운 바닥재			
복도 등에 대한 시각적 자연감시가 불가능한 교직원 사무공간의 출입문/복도창			
실습실 바닥의 금속 재질 배수로 덮개, 돌출시설, 미끄러운 계단			
화장실 출입 지점과 내부의 바닥 물기			
화장실 내부 바닥에 늘어져 있는 호스나 세탁기 배수관			
화장실 이용자가 부딪힐 수 있는 설치물이나 가구			
화장실 출입 지점 바닥의 경사로, 금속/대리석 바닥재			
복도로 열릴 수 있는 화장실 출입문			
체육관 출입 지점을 가려 놓은 커튼			
체육관 관람석 계단 경계에 대한 시인성 미흡과 미끄러운 바닥재			
출입이 통제되지 않는 기계 설비실이나 창고			

위험 요인	안전	위험	개선여부
출입문 바닥에 고정되어 있지 않은 매트			

⑥ 운동장과 놀이 공간 안전 사고 위험 요인

위험 요인	안전	위험	개선여부
보행자가 바닥 높이의 변화 지점을 명확하게 인지할 수 없는 운동장의 계단과 스탠드			
복잡한 무늬의 운동장 계단과 경사로			
보행자가 미끄러질 수 있는 매끄러운 칠이 설치된 운동장 계단과 스탠드			
미끄러운 재질로 만들어지거나 부적절한 위치에 설치된 운동장 계단과 스탠드 난간			
바닥에서 돌출된 운동장 스탠드 지붕 지지대 고정 볼트			
추락 방지용 펜스가 설치되지 않은 운동장 계단과 스탠드			
추락이나 발 걸림을 방지할 수 있는 충분한 높이로 설치되지 않는 스탠드 난간			
덮개가 설치되지 않는 운동장 계단과 스탠드의 배수로			
추락할 수 있는 높은 곳으로 쉽게 올라갈 수 있도록 설계되거나 시설이 설치된 운동장 계단과 스탠드			
핸드레일이 설치되지 않은 지나치게 가파르거나 넓거나 높은 운동장 계단과 스탠드			
보행자의 발이 미끄러지거나 빠지거나 걸릴 수 있는 운동장 배수로 덮개			
이용자가 미끄러져 떨어지거나 부딪힐 수 있는 운동장 시설물			
운동장 이용자의 발이 부딪혀 다치거나 넘어질 수 있는 운동장 시설물			
이용자가 부딪치거나 미끄러지거나 떨어질 수 있도록 설계된 운동장 조회대			
이용자가 걸려 넘어진다거나 부딪힐 수 있는 조회대 시설물			
파손된 조회대 안전 펜스			
아이들 놀이 행동의 특성을 고려하여 충분히 넓은 간격으로 설치되지 않은 놀이기구			
아이들이 추락하거나 부딪힐 수 있는 위치에 설치된 놀이 공간			
놀이 공간에 대한 안전한 접근 경로의 미흡			

⑦ 체육 활동 장소 관련 안전 사고 위험 요인

위험 요인	안전	위험	개선여부
부딪힘에 의한 완충 보호 시설을 갖추지 않은 운동 기구			
야외 하드코트의 바닥 파손이나 물기 발생			
부적절한 위치에 설치된 운동시설			
교내 차도와의 경계가 명확하지 않는 운동 공간			
운동이나 이동 중 부딪히거나 걸려 넘어질 수 있는 시설물			
운동 공간 주변에 방치되어 있거나 불필요한 시설물			
운동장 바닥이나 경계에 있는 파손된 배수 덮개나 바닥 시설물			
체육관 벽에 운동 중 부딪혀 다칠 수 있는 돌출물			
운동 중 쉽게 파손될 수 있는 체육관의 유리나 거울			
체육관 강단에 설치된 운동기구			

⑧ 교내 차도 및 주차장 교통 안전 위험 요인

위험 요인	안전	위험	개선여부
보행자나 차량에 대한 운전자의 시야 확보 미흡			
운전자가 바라보는 시각을 고려하지 않고 설치된 도로 반사경			
건물 출입구 이용자에 대한 차량 운전자의 시야가 제한되는 것			
교내 도로 운전자의 시야를 제한하는 시설물이나 조경			
보행로(지점) 상의 무단 주차 차량			
교내 차량 이동로(지점)에 추락 방지 시설 미설치			
주차 구역과 보행로(지점)간의 불명확한 경계			
주차 공간의 안전 시설 미설치			
스쿨버스 승하차 구역과 보행로(지점)간의 안전 시설 미흡			
부적절한 위치에 설치된 자전거 보관 구역이나 자전거 보관 구역에서의 무단 주차 차량			
보행로(지점)와 차도의 미구분			

⑨ 교내 보행 안전(안전 사고) 위험 요인

위험 요인	안전	위험	개선여부
바닥이 고르지 못하거나 미끄러운 교내의 외부 보행로			
가시나 날카로운 잎을 가진 보행로 인근의 조경 식재			
비나 눈을 충분히 가릴 수 없는 크기의 현관 캐노피			
아이들이 딛고 올라갈 수 있는 구조물, 시설물			
비나 눈을 충분히 가릴 수 없는 크기의 현관 캐노피			
건물 외부에 노출된 (철재)계단			
보행자가 쉽게 접근할 수 있는 외부 계단 밑 공간			
보행자가 쉽게 접근할 수 있는 건물 외부 연결 복도의 밑 공간			
현관 계단이나 보행로에 낮게 설치된 난간			
보행자의 발이 걸리거나 빠질 수 있는 바닥 시설물			
미끄럼 방지 방안이 마련되지 않는 건물 출입 지점의 경사로			
보행자의 신체와 부딪칠 수 있는 건물 외벽의 돌출물			
파손되거나 제대로 설치되지 않은 야외 휴게 시설의 의자			
추락 방지 시설을 설치하지 않는 건물 외벽 공간을 개방해 놓는 것			
디딤판 경계에 대한 시인성이 미흡한 계단			
바닥 높이의 변화를 명확하게 표시하지 않은 건물 출입 지점의 계단이나 경사로			

2. 문학작품

도서 : 미라의 처음 학교 가는 날 / 스티나 클린트베리 글, 다비드 헨손 그림, 정재원 옮김 /
　　　책과콩나무 / 2024

　학교는 교육의 장이다. 따라서 학교의 모든 시설, 공간, 구성원들은 교육을 위해 준비한다. 그러므로 교육을 좋아하는 사람들에게는 천국처럼 느껴질 것이고, 그렇지 않다면 지옥이라 여겨질 것이다.

이런 맥락에서 대부분의 아이들은 공부를 좋아하지 않는다. 따라서 학교가 즐거워서 매일 가고 싶은 곳이기보다는, 지겹고 힘든 곳이기 때문에 가고 싶지 않은 곳이다. 그야말로 내 인생을 불행하게 만드는 가장 위험한 곳이다. 그럼에도 공부는 어차피 할 수밖에 없는 것이면서, 부모님께서는 잘 하기를 바라기 때문에 그에 부응하고자 열심히 할 뿐이다.

이 그림책의 내용은 초등학교에 갓 입학한 아이가 느끼는 두려움에 대한 것이다. 따라서 본 프로그램의 참여 대상인 3-4학년이 느끼는 위험 요인과는 차이가 있을 텐데, 그럼에도 선정한 이유는 어쩌면 1학년 때부터 느꼈던 위험을 여전히 갖고 있을 가능성 때문이다. 더불어 위험 요인이라고 여겼던 것들이 이제 사라졌다는 것을 인식하게 되면, 현재, 그리고 앞으로 찾아올 위험 요인 또한 저절로 혹은, 어떤 노력에 의해 해결할 수 있다는 믿음도 심어줄 수 있을 것 같았기 때문이다.

내일은 항상 새로운 환경이다. 따라서 어른에 비해 불안감이 클 아동들에게 자신감과 용기를 불어넣어 줄 수 있는 문학작품이 되기를 바란다.

3. 관련 활동

1) 동적 학교화(KSD)로 점검 하는 학교 위험 요인

'동적 학교화(Kinetic School Drawing)'는 '동적 가족화'를 응용한 것으로, 학교 내 상황을 떠올려 나를 포함한 구성원들이 무엇인가를 하고 있는 장면으로 그리는 그림이다. 그림을 그리기 위한 기본 도구로는 A4용지 1장, 연필(HB 혹은 2B), 지우개이며, 평평한 책상 위에서 실시해야 한다.

검사자는 A4 용지를 피검자 앞에 가로로 제시하면서, "학교에서 나를 포함한 학교 구성원들이 무엇인가를 하는 장면을 그려주세요."라고 말한다. 이어서 피검자가 어떤 태도로 어떤 요소들을 어떻게 그리는지 관찰하고, 그리기가 끝나면(시간 제한 없음) 무엇을 왜 그렸는가에 대해 탐색적인 질문을 통해 위험 요인들을 찾아낸다. 이때 만약 위험 요인이 발견되지 않으면, 별도로 해당 요인들을 표시해 줄 것을 요청할 필요가 있다.

4 세션

1. 세부목표 : 위험 요인 점검 3 - 가정

'한국소비자원 어린이안전넷'[87]에 따르면, 2017년 기준 어린이 안전 사고가 가장 많이 발생한 장소는 주택(가정)이 전체의 68.5%에 이르는 17,605건이었는데, 이는 어린이들이 대부분의 시간을 보내는 곳이 가정이기 때문인 것으로 분석되었다. 다음은 발생 장소별 어린이 위해 정보 현황을 그림과 표로 정리한 것으로, 가장 많이 발생하는 안전 사고의 유형은 포함되어 있지 않으나 낙상 사고, 중독 및 삼킴 사고, 화상 사고, 익사 사고, 기타 날카로운 물건에 베이는 사고 등이 가장 많은 것으로 알려져 있다.

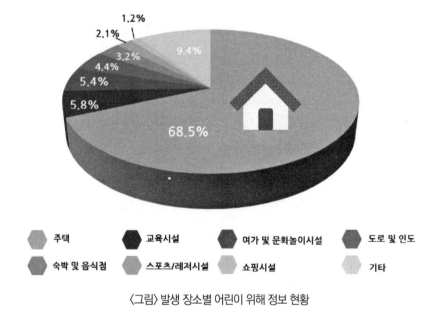

〈그림〉 발생 장소별 어린이 위해 정보 현황

---

87) 한국소비자원 어린이안전넷. 2018. 『어린이 안전사고 정보』. 출처: https://www.isafe.go.kr/children/contents.do
;jsessionid=P7c4lub42hZS66WSRCLkF-alleZiWwbR7tHABV7Xc-gtVDFmfhcG!-142462028?key=514

<표> 발생 장소별 어린이 위해 정보 현황

구분(대분류)	2017년	
주택	17,605건	68.5%
교육 시설	1,492건	5.8%
여가·문화 및 놀이 시설	1,395건	5.4%
도로 및 인도	1,132건	4.4%
숙박 및 음식점	812건	3.2%
스포츠/레저 시설	540건	2.1%
쇼핑 시설	302건	1.2%
기타(상업 시설, 교통 시설, 의료 서비스 시설, 종교 및 문화 시설, 자연 및 관련 시설, 공공 시설, 복지 및 노인 요양 시설, 농수축산업 지역, 산업 및 건설 지역, 발생 장소가 명확하게 명시되지 않은 경우를 포함)	2,421건	9.4%
합계	25,699건	100%

　그런데 아동들이 겪을 수 있는 가정 내 위험 요인에 안전 사고만 있는 것은 아니다. 권리를 보장 받지 못하는 것에서부터 학대에 이르기까지 심리 정서에 부정적 영향을 끼치는 위험 요인들이 더 많을 수 있고, 그것이 더 심각한 측면일 수도 있다. 이에 '유엔아동권리위원회(The Committee on the Rights of the Child; CRC)'에서는 'UN아동권리협약(United Nations Convention on the Rights of the Child; UNCRC)'을 1989년 11월 20일에 유엔에서 만장일치로 채택하였고, 우리나라는 1991년 11월 20일에 협약을 비준하였다. 주요 내용에는 제18조에 '부모의 1차적 양육책임과 국가의 후원'이, 그리고 제19조에는 '부모 등의 학대로부터의 보호'가 포함되어 있다.

　다음은 'UN아동권리협약'에서 아동의 권리를 그림과 함께 표현한 내용 중 일부를 옮긴 것[88]이다.

---

88) 육아대디 in Paris. 「아동 권리 표현한 그림 41점(CRIN, 아동 권리 협약)」. 출처: https://lepapacoreen.tistory.com/91

제18조 : 부모의 책임

부모는 아이의 삶에서 중심적인 지도 역할을 합니다. 그러나 부모는 자녀를 돌보고 부양할 의무가 있지만, 자신이 적합하다고 생각하는 대로 자녀를 키우거나 치료할 권리는 없습니다. 어린이의 최선의 이익이 최우선 관심사가 되어야 합니다. 이 의무에는 유급 근로를 하는 부모를 위한 보육 형태나 기타 조항 등 국가의 지원이 필요합니다.

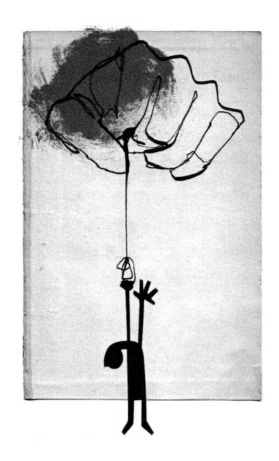

제19조 : 폭력으로부터의 보호

아동에 대한 폭력은 널리 퍼져 있으며 극도로 피해를 줍니다. 가족의 집, 학교, 요양원, 구치소 및 기타 기관을 포함하여 비공개로 많은 폭력이 숨겨져 있습니다. 그러나 많은 곳에서는 폭력을 금지하는 법률이 존재하지 않거나 부적절합니다. 대부분의 국가에서 어린이는 '훈육'의 한 형태로 성인으로부터 구타를 당할 수 있습니다. 이러한 행위는 성인을 상대로 저지른 경우 형사 범죄로 간주됩니다.

2. 문학작품

도서 : 덜렁이 꼬마의 산책 / 잔니 로다리 글, 베아트리체 알레마냐 그림, 이승수 옮김 / 책빛 / 2024

이 그림책은 잔니 로다리 작가의 『전화로 들려주는 짤막 동화』에 나오는 이야기에 베아트리체 알레마냐 작가가 콜라주로 작업한 그림을 입히면서 완성됐다고 한다. 주인공 조반니는 호기심이 많아 세상 밖으로 나가는 것을 좋아하는데, 항상 덜렁거리기 때문에 눈과 귀, 팔과 다리마저 잃어버리고 깽깽이걸음으로 귀가하는 경우가 많다. 그럴 때면 동네 아저씨와 아주머니, 할머니, 빵가게 점원, 전차 운전사, 은퇴한 학교 선생님 등의 이웃들이 그것들을 주워서 가져다주고, 엄마가 제자리에 붙여줌으로써 원래의 모습을 찾을 수 있도록 도와준다.

따라서 이 책에 등장하는 조반니 주변의 어른들은 실수를 지적하고 혼내는 사람들이 아닌, 무조건적인 수용을 통해 응원을 해주는 이들이다. 특히 깽깽이걸음으로 귀가하는 아들을 따뜻하게 안아주는 엄마의 모습은, 자녀들에게 부모와 가정이 어떤 역할을 해주어야 하는가를 직관적으로 보여주고 있어서 네 번째 세션을 위한 문학작품으로 선정했다.

3. 관련 활동

1) 동적 가족화(KFD)로 점검 하는 학교 위험 요인

'동적 가족화(Kinetic Family Drawing)'는 가정 내 상황을 떠올려 나를 포함한 구성원들이 무엇인가를 하고 있는 장면으로 그리는 그림이다. 그림을 그리기 위한 기본 도구로는 A4용지 1장, 연필(HB 혹은 2B), 지우개이며, 평평한 책상 위에서 실시해야 한다.

검사자는 A4 용지를 피검자 앞에 가로로 제시하면서, "나를 포함한 우리 가족이 무엇인가를 하는 장면을 그려주세요."라고 말한다. 이어서 피검자가 어떤 태도로 어떤 구성원들을 어디에서 무엇을 하고 있는 순서로 그리는지 등을 관찰하고, 그리기가 끝나면(시간 제한 없음) 표현된 인물이 누구이며 무엇을 하고 있는지 등에 대해 탐색적인 질문을 하며 가정에서의 위험 요인들을 찾아낸다.

5 세션

1. 세부목표 : 위험 요인 점검 4 – 개인

『Temperament Theory and Practice』라는 책을 쓴 미국의 발달심리학자이자 소아정신과 의사인 'Stella Chess'와 'Alexander Thomas' 부부는, 1950년대부터 동료 연구자들과 함께 133명을 대상으로 영아기에서 성인 초기까지의 긴 시간을 추적하며 관찰하는 '뉴욕 종단 연구(New York Longitudinal Study; NYLS)를 실시했으며, 그 결과의 일환으로 영아들이 보이는 행동에서의 개인차를 다음과 같이 9개의 측면에서 정리했다.

① **활동 수준** : 일상생활에서의 신체적 활동량

② **접근성**(접근–위축) : 새로운 자극이나 낯선 사람에 대한 반응 성향

③ **적응성** : 새로운 변화에 쉽게 적응하는 정도

④ **기분** : 긍정적 또는 부정적 정서의 비율

⑤ **지속성** : 목표 지향적 활동을 포기하지 않고 지속하는 정도나 끈기

⑥ **산만성** : 외부 자극에 쉽게 방해를 받는 정도

⑦ **규칙성** : 먹기, 자기, 배변 등 생리적 기능의 예측 가능성

⑧ **반응의 강도** : 긍정적 또는 부정적 반응의 강렬함

⑨ **반응 역치** : 반응을 유발하는데 필요한 자극 정도나 민감성(반응 역치가 낮을수록 민감성이 높음)

그들은 이와 같은 개인차를 '주요 반응 패턴(primary reaction patterns)'이라고 불렀는데, 이후 Michael Rutter가 '기질(temperament)'이라는 용어를 사용하면서 NYLS 그룹에서도 그 용어를 채택하게 되었다.

이후 'Stella Chess'와 'Alexander Thomas'는 9개의 기질 차원 중에서 접근성, 적응성, 기분, 규칙성, 반응의 강도를 중심으로 특정 행동 패턴을 찾으려는 시도를 통해, '순한 기질의 아동(easy child)', '까다로운 기질의 아동(difficult child)', '느린(더딘) 아동(slow to warm up child)'의 세 가지로 분류했다. 다음은 각 아동의 특성을 간략히 정리한 것이다.

① 순한 기질의 아동(easy child)
  - 음식 섭취, 수면, 배변 등의 일상생활 습관이 대체적으로 규칙적임
  - 반응 강도는 보통 수준임
  - 새로운 음식을 잘 받아들이며, 낯선 대상에게도 스스럼없이 잘 접근하는 등 환경의 변화에 대한 적응력이 높음
  - 대체로 평온하면서 행복한 정서가 지배적임

② 까다로운 기질의 아동(difficult child)
  - 생활 습관이 불규칙적이라 예측하기 어려움
  - 환경으로부터의 자극이나 욕구 좌절에 대한 반응 강도가 강함
  - 새로운 음식을 받아들이는 속도가 느림
  - 낯선 사람을 의심함
  - 환경 변화에 대한 적응력이 낮음
  - 크게 울거나 웃는 등 강하면서 부정적인 정서를 자주 표현함

③ 느린(더딘) 아동(slow to warm up child)
  - 상황 변화에 대한 적응이 늦고, 낯선 사람이나 사물에 부정적인 반응을 보이는 등 까다로운 기질의 아동과 유사함
  - 활동이 적고 반응 강도가 약함
  - 수면이나 음식 섭취와 같은 생활 습관은 까다로운 아동보다 규칙적이지만, 순한 아동보다는 불규칙적인 편임

연구에 참여한 영아 중 약 65%가 기질 유형으로 분류되었다고 하는데, 그 중 약 40%는 '순한 기질의 아동', 약 10%는 '까다로운 기질의 아동', 그리고 약 15%의 아동은 '느린(더딘)

기질의 아동'에 속했다고 한다. 다음의 〈표〉는 이러한 분류를 기질 차원과 연결하여 정리한 것이다.[89]

〈표〉 기질 유형별 특성

	순한 기질	까다로운 기질	느린(더딘) 기질
접근성	높음	낮음	낮음
적응성	높음	낮음	낮음
기분	대체로 평온, 행복	정서 변화 심함	정서 변화 심하지 않음
규칙성	수면, 음식 섭취, 배설 등이 대체로 규칙적	생활 습관이 불규칙하며 예측하기 어려움	까다로운 기질보다는 규칙적이나, 순한 기질보다는 불규칙함
반응의 강도	보통 수준	강함	약함
비율	약 40%	약 10%	약 15%

이상과 같이 정리한 한 사람의 타고난 '기질'은 여러 환경과 만나 '성격'을 형성한다. 따라서 '기질'은 변하지 않지만 '성격'은 바뀔 수 있다고 한다. 그런데 어쨌든 '기질'과 '성격' 모두 개개인마다의 특성이기 때문에 때로는 성공 요인이 되기도 하지만, 반대로 위험 요인이 될 수도 있다. 이에 개인 위험 요인 점검과 예방을 위한 방안 모색을 위해서 이런 측면을 살펴보는 것도 좋겠다.

2. 문학작품
도서 : 〈세상에서 가장 못생긴 강아지〉 해피 / 이승헌 글·그림 / 인디펍 / 2024

'자아존중감'은 자신을 존중하고 사랑하는 마음으로, 사람이 일생을 살아가는데 반드시 필요한 자원이다. 그런데 이 그림책의 주인공 해피처럼, 자신이 세상에서 가장 못생겼고 그래서 사람들이 좋아하지 않을 거라는 생각을 하는 사람들이 있다. 실제로 그들은 객관적으로 봤을 때 못생긴 사람들일 수 있지만, 외모보다 더욱 초라한 것은 자신을 사랑하지

---

89) 겸비. 2023. 『순한 아이, 까다로운 아이, 더딘 아이』. 출처: https://brunch.co.kr/@meekgeek/39

않는 마음이며, 그것은 자신을 더 큰 위험에 빠트릴 수 있는 요인이다. 그러므로 반드시 극복하여 자신을 지켜나갈 수 있도록 도와야 한다.

이 그림책의 주인공인 해피는 결국 자신을 사랑하게 된다. 따라서 참여 아동들도 그 과정을 따라가며 자신의 소중함을 느끼는 시간을 갖기 바라는 마음에서 선정한 문학작품이다.

3. 관련 활동

1) MMTIC 검사 실시 및 해석

아동 청소년용 성격 유형 검사인 MMTIC(Murphy-Meisgeier Type Indicator for Children)은 1990년 미국의 Murphy와 Meisgeier 박사에 의해 개발되었고, 우리나라에서의 표준화 작업은 1993년도에 김정택과 심혜숙 박사에 의해 이루어졌다.

이 검사의 대상은 만 8세에서 만 13세까지이며, 소요 시간은 대략 15분에서 30분 정도이다. 결과를 해석할 때에는 아동들이 아직은 발달 중에 있다는 점에 유의할 필요가 있다.

6 세션

1. 세부목표 : 보호 요인 강화하기 1 - 개인

코로나-19 팬데믹 상황일 때에는 모든 사람들이 의무적으로 마스크를 착용해야 했다. 왜냐하면 그래야 개개인에게 옮기는 것을 막아 팬데믹 상황을 종료시킬 수 있었기 때문이다. 특히 사람과 사람 간 만남이 어려웠던 시국을 다시 언급한 이유는, 어쨌든 그 때가 나 자신과 가족, 그리고 중요한 타인들을 보호하기 위해 서로가 노력했던 상황이었기 때문이다.

그런데 그 이후 마스크를 계속 끼려는 사람들이 늘었다고 한다. 그 이유는 낯가림이 심해서, 외모에 대한 자신감이 없어서 등이라고 하는데, 마스크를 끼는 것만으로도 자신을 보호하고 있다고 느낀다면 계속 유지하는 것도 나쁘지 않다고 생각한다. 물론 그럼으로 또 다른 어려움이 생길 가능성도 있지만.

6번째 세션의 세부목표는 개인의 보호 요인을 강화할 수 있도록 돕는 것이다. 따라서 참여 아동들마다 처한 상황이 다를 것이기 때문에 일률적인 방안은 없을 테니, 각자 여러 위험 요인들로부터 '나'를 보호할 수 있는 방안을 모색해 볼 수 있도록 하자.

2. 문학작품
도서 : 숨고 싶은 아이 / 호세리네 베레즈 가야르도 글 · 그림, 공여진 옮김 / 산지니 / 2021

언제나 숨고 싶은 아이가 있었다. 아이는 그 누구의 눈에도 띄지 않기를 바랐다. 그래서 그 집의 괴물들이 자신을 볼 수 없도록 계획을 세웠고, 모든 방을 돌아다니며 숨을 곳을 정해 두었다.

이 그림책을 읽고 난 후 "주인공 아이는 왜 숨고 싶었을까?", "과연 그 아이를 지켜보는 괴물들은 무엇일까?", "가면을 쓴 아이는 자유롭게 온 집안을 누비는데, 그럼 그 가면은 무엇일까?"와 같은 질문이 생겼다. 나아가 스스로 떠올린 답은 "두려움을 느꼈기 때문에 숨었을 것이다.", "사람들과의 관계, 학업 등 자신을 힘들게 만드는 모든 요소들이었을 것이다.", "가면은 자신을 지켜줄 수 있는 무엇인가였을 것이다. 그것을 찾았다는 것이 참 다행스럽다."였다.

위험 요인, 나아가 보호 요인도 명확하게 제시되어 있지는 않지만, 오히려 그런 모호함 속에 참여 아동 각자의 이야기를 나눌 수 있을 것 같아 선정한 문학작품이다.

3. 관련 활동

1) 가면 만들기

사람들이 가면을 쓰는 이유는 자신의 얼굴을 감추거나 달리 꾸미려는 의도가 있기 때문이다. 따라서 이 활동은 자신을 적절히 감출 수 있는 용도의 가면을 만들어 보는 것으로, 구매해서 색만 칠할 수 있는 교구도 많다. 다음은 활동 결과의 예시[90]이다.

---

90) 이미지 출처: https://pixabay.com/photos/girl-mask-cat-portrait-fun-pink-3032609/

7 세션

1. 세부목표 : 보호 요인 강화하기 2 - 가정

'쉘 실버스타인(Shel Silverstein)' 작가가 쓴 『아낌없이 주는 나무』라는 동화에는, 제목처럼 모든 것을 내어주는 사과나무가 등장한다. 그 나무의 모습은 평생 자녀에게 모든 것을 내어주는 엄마의 모습과 닮았는데, 짐작컨대 소년에게는 그런 존재가 있었기 때문에 노인이 될 때까지 마음 한 쪽에 믿는 구석이 있었을 것이다. 그러니 노인이 되었을 때에도 등걸만 남은 나무를 찾아오지 않았겠는가.

가정은 모든 사람들에게 그런 곳이어야 한다. 또한 부모는 자녀들에게 그런 존재여야 한다. 7번째 세션의 목표는 참여 아동들보다는 부모들과의 협업을 통해 구축해야 할 가정에서의 보호 요인을 강화하는 것이다. 따라서 가능하다면 참여 아동의 부모들과 면담을 진행하는 것도 좋겠다.

2. 문학작품

도서 : 가족 / 아리엘 안드레스 알마다 글, 소냐 빔머 그림, 김정하 옮김 / 리시오 / 2023

부부를 중심으로 그 부모나 자녀를 포함한 집단과 그들이 살아가는 물리적 공간인 집을 포함한 생활 공동체를 통틀어 이르는 말은 '가정'이고, 부부를 중심으로 하여 그로부터 생겨난 아들, 딸, 손자, 손녀 등으로 구성된 집단은 '가족'이다. '가정'이든 '가족'이든 그들은 혈연관계로 맺어졌기에 끊어지기 힘든 사이이다. 따라서 함께하며 서로에게 든든한 버팀목이 되어줄 수 있다.

이 그림책은 가족과 함께 했을 때의 행복에 대해 이야기 하고 있기 때문에, 참여 아동들에게 가정이 추구해야 할 보호 요인이 무엇인지 다시 한 번 인식시켜주기 위해 선정했다.

3. 관련 활동

1) 가족 울타리 구성하기

'울타리'는 풀이나 나무 따위를 얽어서 집 따위를 둘러막거나 경계를 가르는 물건으로 '담'과 같은 역할을 한다. 따라서 '가족 울타리'는 내 가정과 가족을 보호하겠다는 의미가 담긴 표현으로, 어떤 요소를 더하면 참여 아동들의 가정이 더욱 단단하면서도 안전하다고 느낄 수 있을 것인가에 대해 표현해 보게 하는 활동이다.

활동지는 〈활동 자료 7〉[91)]에 담겨 있는데, 우선 아동들에게 집 주변에 원하는 형태나 모양의 울타리를 그리게 한다. 이어서 그 울타리가 가정과 가족을 지켜주기 위해 필요한 것을 비유적으로 표현한 것이라는 설명을 한 뒤, 실질적으로 그것이 무엇이어야 하는지에 대해서는 단어나 문장으로 적어달라고 제안한다. 이어서 작업이 끝나면 그림을 보면서 각 요소에 대한 설명을 들어본다.

---

91) 이미지 출처: https://pixabay.com/vectors/home-house-icons-jims-card-1294564/

활동 자료 7

가족 울타리 구성하기

8 세션

1. 세부목표 : 보호 요인 강화하기 3 – 또래

오륜(五倫)의 하나인 '붕우유신(朋友有信)'은 벗의 도리는 믿음에 있다는 뜻이다. 공자에게는 여러 명의 제자가 있었는데, 그 중 가장 효심이 지극하고 몸가짐 또한 바른 이는 증자였다. 하루는 증자의 아내가 시장에 가려던 참이었는데, 어린 아들이 따라가겠다며 떼를 쓰며 울고 매달렸다. 그러자 아내는 빨리 다녀와서 돼지를 잡아 반찬을 해주겠다는 약속을 한다. 비로소 혼자 시장에 다녀온 아내는 집에 돌아왔을 때 증자가 돼지 잡을 준비를 하고 있는 것을 보고 깜짝 놀랐는데, 증자는 자식에게 거짓말을 하는 것은 남에게 거짓말을 하라고 가르치는 것과 같으니 약속대로 돼지를 잡아야 한다고 했다. 이처럼 약속을 중요하게 여겼던 증자는 날마다 스스로에게 '벗과 사귀는데 믿음이 있는가?'라는 질문을 하며 반성하는 삶을 살았다고 한다.

이 이야기 외에도 친구와의 믿음이나 우정에 관한 고사(故事)는 많다. 따라서 친구의 중요성과 필요성에 대해서는 대부분의 사람들이 알고 있을 텐데, 문제는 진정한 친구를 찾고 평생 동안 사귀는 것이 어렵다는 점이다. 물론 그렇기 때문에 친구가 더 중요한 보호 요인이 될 텐데, 아무튼 8세션에서는 보호 요인으로서의 친구에 대해 이야기를 나누어 보는 것이 목표이다.

2. 문학작품

도서 : 똑, 딱 / 에스텔 비용-스파뇰 글 · 그림, 최혜진 옮김 / 여유당 / 2018

똑이와 딱이는 세상에서 가장 친한 친구이다. 그래서 절대 서로를 떠나지 않은 채, 늘 함께 먹고, 함께 자고, 함께 노래를 불렀다. 그러던 어느 날 딱이에게 새로운 친구들이 생겼다. 그러자 똑이는 사랑하는 친구 없이도 본인이 자신일 수 있는지 걱정하며 딱이를 찾아 나선다. 마침 다른 친구들도 "네가 딱이와 떨어져 있다면 너는 똑이가 아니야! 우리는 딱이 없는 똑이는 본 적 없어! 똑이 없는 딱이도 본 적 없어! 넌 누구야?"라고 되묻는다.

그러나 딱이가 없어도 똑이이고, 똑이가 없어도 딱이이다. 서로 떨어져 있는 순간, 특히 상대가 다른 친구들과 즐거운 시간을 보내는 장면을 봤을 때는 슬픔에 빠지는 등 다소 시간은 걸렸지만, 이 사실을 인식하는 순간 늘 함께 있지 않아도 서로가 친구라는 점, 그것이 오히려 서로의 관계를 더욱 오래 지속시킬 수 있는 원동력이 된다는 점을 깨닫게 된다.

8번째 세션을 위해 이 그림책을 선정한 이유는, 아동들에게 또래는 힘든 순간들을 견뎌낼 수 있는 매우 중요한 자원이기 때문이다. 따라서 참여 아동들도 이 그림책 속 주인공들처럼 서로를 인정할 수 있는 친구를 만날 수 있기를 바란다.

3. 관련 활동

1) 당신의 이웃을 사랑하십니까?

이 활동은 레크리에이션의 일종으로, 모든 아동들이 한꺼번에 참여할 수 있다. 이 활동의 목표는 서로에 대한 관심을 증진시키는 것으로, 순서는 다음과 같다.

- 우선 참여 아동들이 동그란 형태로 서서 서로 마주보게 한다.

- 이어서 술래 한 명을 뽑은 뒤, 그 술래가 누구든 원하는 사람에게 다가가 인사를 나눈 후 "당신의 이웃을 사랑하십니까?'라는 질문을 하게 한다.

- 질문을 받은 사람은 "네!" 혹은 "아니오!"라는 답변을 할 수 있는데, 만약 "네!"라는 답변이 나오면 응답자 좌우에 서 있던 아동들이 위치를 바꾸어야 한다. 그때 술래가 어느 곳이든 한 자리를 먼저 차지하면 덩그러니 남겨진 아동이 술래가 된다. 또한 만약 "아니오!"라는 답변이 나오면 술래가 다시 "그럼 어떤 이웃을 사랑하십니까?"라고 물어야 하는데, 이때 응답자는 참여 아동들을 둘러본 뒤 "안경 낀 이웃을 사랑합니다."와 같이 외적으로 봤을 때 두 명 이상 해당사항이 있는 조건을 택해 답변한다. 그러면 조건에 해당되는 사람 모두 자리를 바꿔야 하는데, 이때 자리를 찾지 못한 사람이 술래가 된다.

2) 손님 모셔오기

이 활동 역시 레크리에이션의 일종으로, 시작 형태는 '당신의 이웃을 사랑하십니까?'와 같다. 다만 노래를 한 곡 다 부를 때까지 활동이 이어진다는 점, 두 사람이 함께 계속 움직이며 손님을 데려와야 한다는 점이 다르다. 즉, 노래가 시작되면 첫 주자인 두 사람이 함께 움직여 '손님'을 한 명 데리고 온다. 그러면 자연스럽게 구멍 난 자리가 있을 텐데, 그 좌우에 있는 사람이 다시 한 팀이 되어 빈자리를 메우기 위한 손님을 데리고 와야 한다. 만약 노래가 끝났는데 빈 공간을 메우지 못하면, 그 두 사람이 벌칙을 받게 된다. 이 활동의 목표는 서로와의 접촉을 통한 친밀감 형성을 돕는 것이기 때문에, 시작 전 과하지 않은 벌칙을 정하게 하면 보다 열심히 임하는 동기로 작용할 수 있다.

9 세션

1. 세부목표 : 보호 요인 강화하기 4 – 학교

아동의 학교 적응과 학습 동기는 그들의 학교 생활과 학습 성취에 직접적인 영향을 미치는 중요한 요소이다. 따라서 아동들이 학교에서 긍정적인 경험을 하고 자기 동기를 가지며 학습에 적극적으로 참여할 수 있도록 도와주는 것은, 그들의 성장과 발전에 큰 영향을 미친다.

학교 적응은 아동의 사회적 관계 형성, 친구들과의 상호작용, 선생님과의 관계 등을 포함한다. 그러므로 아동이 학교에서 안정감을 느끼고 친구들과의 관계에서 긍정적인 경험을 할 수 있으면, 그들은 학교에 대한 긍정적인 태도를 형성하면서 학교 적응도 잘 해낼 가능성이 높다.

아동의 학교 적응을 위해서는 학습 태도, 노력, 자기 규제 능력에 직접적인 능력을 미치는 학습 동기 역시 중요한데, 높은 학습 동기를 가진 아동들은 자기 주도적으로 학습에 참여하고 목표를 설정하며 노력한다.

이상과 같이 학교 적응과 학습 동기는 서로 밀접한 관련이 있다는 것을 알 수 있는데, 학교에 적응을 잘 한 아동들은 또래들과의 관계에서도 지지를 얻으며 친밀감을 느낄 가능성이 크다. 그렇다면 아동의 학습 동기를 높여 학교 적응을 돕기 위한 전략에는 어떤 것들이 있을까? 그 세부 방안으로 '긍정적인 교실 환경 조성', '목표 설정과 자기 규제 기술 교육', '학부모와의 협력을 통한 지원'을 꼽을 수 있다.

1) 긍정적인 교실 환경 조성

아동들에게 편안하고 지지적인 교실 환경을 제공하여 학습 동기와 학교 적응 능력을 높일 수 있다. 이는 교사와 학생들 간의 긍정적인 관계 구축, 학생들 간의 협력과 상호작용을 촉진하는 교육 방식을 적용하는 것을 의미한다.

2) 목표 설정과 자기 규제 기술 교육

아동들에게 명확한 목표를 설정하는 방법과 자기 규제 기술을 가르쳐 줌으로써 학습 동기를 높일 수 있다. 목표 설정은 학습에 대한 동기를 부여하면서 명확한 방향도 제공해 준다. 또한 자기 규제 기술은 학습과 자기 조절 능력을 향상시켜, 아동이 자기 주도적으로 학습에 참여하고 결국 성취할 수 있도록 돕는다.

3) 학부모와의 협력을 통한 지원

학부모와의 긍정적인 협력은 아동의 학습 동기와 학교 적응 능력을 향상시키는데 큰 도움이 된다. 학부모는 자녀의 학교 생활에 관심을 갖고 필요한 지원을 제공함으로써, 그들의 학습 동기와 학교 적응이 원만하게 이루어질 수 있도록 돕는 조력자의 역할을 할 수 있다.

2. 문학작품

도서 : 닐루는 학교에 가지 않아 / 에스테르 뒤플로 글, 샤이엔 올리비에 그림, 최진희 옮김 / 라이브리안 / 2023

이 책의 주인공 닐루는 전 세계에 살고 있는 거의 대부분의 아이들과 마찬가지로 학교 수업에 흥미를 느끼지 못한다. 따라서 아침마다 일어나기는 하지만, 어른들의 바람과는 달리 학교에 가지 않고 놀면서 하루를 보내고만 싶다. 너무 무서운 선생님, 딱딱하고 재미도 없는 수업 내용들, 도대체 이런 것을 배워서 어디에 써먹는 것인지도 모르기 때문에, 학습에 대한 흥미와 동기가 전혀 없는 것이다.

그러던 어느 날 책을 들고 찾아온 가브리엘 선생님, 그녀는 아이들에게 책을 읽어보자고 하지만 놀랍게도 글을 읽을 줄 아는 아이가 없다. 그저 학교는 가야 하는 곳이라고만 생각했지, 아동들의 흥미를 높이고 그들 개개인에게 알맞은 수업을 해야 한다는 생각을 했던 선생님이 없었기 때문이다. 이는 또 다른 맥락에서 행해진 폭력이라고 할 수 있는데, 다행히 이 일을 계기로 학교 수업은 많은 부분에서 바뀌게 되었고, 아이들은 학교에 가는 것을 즐거워하게 된다.

학교 교육이 온전하게 이루어지면서 학생들의 자발적 동기에 의한 성취를 위해서는 가정과 지역 모두의 협력이 있어야 한다. 이 과정은 단순히 학생들의 학업 성취만이 아니라, 자신을 보호하며 건강한 성인으로 자라 사회의 일원이 될 수 있도록 돕는 최적의 방안이 될 것이다. 따라서 이런 이야기를 나누고 싶은 마음에 선정한 문학작품이다.

3. 관련 활동

1) 내가 바라는 학교 및 수업 설계하기

학생들에게 바라는 학교의 모습과 원하는 수업을 직접 설계해 보라고 하면 어떤 내용들이 나올까? 학교 자체를, 공부라는 것 자체를 아예 없애버리면 좋겠다는 말이 가장 먼저 나올 수도 있으나, 어쨌든 계속 있을 거라는 전제 하에 설계를 해볼 기회를 제공하자. 학교는 건물의 형태 및 시설, 공간 구성까지 해볼 수 있도록 8절지 이상의 종이를 제공하고, 수업은 시간표 틀을 제공해 주는 것도 한 방법이다. 수업 설계를 위한 시간표 틀은 〈활동자료 9〉에 담겨 있다.

수업 설계하기

내가 원하는 과목이나 내용을 담아 수업을 설계해 보세요.

	월요일	화요일	수요일	목요일	금요일
1교시					
2교시					
3교시					
4교시					
5교시					
6교시					
7교시					

10 세션

1. 세부목표 : 보호 요인 강화하기 5 - 사회

'아동보호제도'라는 것이 있다. 그것은 아동의 안전한 성장과 발달 환경 조성을 위한 사회 제도로, 폭력과 착취, 방임, 유기 질병, 빈곤 등으로부터 아동을 보호하는 국가와 민간의 업무와 법령, 조직 등을 포함하는 포괄적 개념이다. 그런데 이 제도는 '아동 보호'를 어떻게 정의하는가에 따라 달라진다.

1) 좁은 의미의 아동 보호

주로 가정 내 학대로부터 아동을 보호하는 것을 뜻한다. 이 개념에서 아동 보호 제도는 가족 안에서 부모나 주 양육자의 학대, 방임, 유기 등으로부터 아동을 보호하는 것을 의미하는, 위험이 발생한 뒤에 개입하는 치료 중심의 소극적 방법이다.

2) 넓은 의미의 아동 보호

피학대 아동 보호뿐 아니라 일반 아동의 행복과 성장 조건을 직·간접적으로 개선하고, 이후에 있을지 모를 위험을 가능한 감소시키는 것까지 포함한 개념이다. 넓은 의미의 아동 보호는 아동 권리를 보장해야 비로소 아동 보호가 효과적이라고 보기 때문에, 아동의 시민권을 보호하고 예방하는 차원으로 그 개념을 확장한다.

2. 문학작품

도서 : 어려워 / 라울 니에토 구리디 글·그림, 문주선 옮김 / 미디어창비 / 2021

집 밖에는 위험 요인이 가득하다. 따라서 언제 어떤 일이 발생할지 모르니 항상 주위를 살피며 경계를 해야 한다.

이 그림책의 주인공 아이에게도 집 밖에는 어려운 것들 뿐이다. 시끄러운 소리 때문에 귀가 먹먹한 것은, 다른 사람들에게 말하기, 학교에서 발표하기, 친구들에게 인사하기 보다는 덜 어려운 일이다. 엄마는 조급해 하지 말라고, 언젠가는 말문이 열릴 거라고 말한다. 그러나 말문을 여는 건 몹시 어려운 일이자, 손에서 땀이 나고 숨도 막히는 일이다.

그런데 아이는 집으로 돌아가는 길에 다시 마주친 빵집 아저씨에게, 용기를 내어 작은 목소리로 "안녕하세요."라고 말한다. 어렵다고만 여겼던 일을 드디어 해낸 것이다. 따라서 아이가 만날 내일은 오늘과는 분명 달라질 것이다. 여전히 어려운 부분이 많아서 계속 노력을 해야겠지만, 한 가지 씩 자신의 속도로 개선해 나갈 것이다.

10번째 세션을 위해 이 그림책을 선정한 이유는, 모든 사람들에게 사회는 어렵고 위험한 것들로 가득한 곳이라는 점을 인식시키기 위해서이다. 나아가 그렇기 때문에 스스로의 노력으로 보호 요인을 강화해 나갈 필요도 있다는 점을 주지시키기 위해서이다.

3. 관련 활동

1) 사회에서의 어려움 격파하기

이 활동을 위해서는 종이 신문이 필요한데, 아동 한 명 당 각 55장 씩 나누어 준다. 이어서 열 장을 꺼내 각 장마다 번호를 매기고 자신이 어렵거나 위험하다고 여기는 사회의 어떤 측면에 대해 큰 글씨로 적게 하는데, 이때 번호가 커질수록 더 어렵거나 위험하다고 여기는 내용을 적어야 한다는 것을 알려준다. 작성이 끝나면 차례대로 격파를 해보는데, 1번은 한 장 그대로, 2번은 앞에 한 장을 덧대어, 3번은 앞에 두 장을 덧대는 방식이므로, 최종 10번은 앞에 9장의 신문지를 덧대어 격파가 점점 어렵게 만든다. 이는 그 정도로 극복하기가 어려운 것이라는 점을 재인식시키기 위한 것으로, 이후 그렇다면 어떻게 해야 결국 이겨낼 수 있을 것인가에 대한 측면도 함께 모색해 보면 좋겠다.

11 세션

1. 세부목표 : 자기효능감 높이기

아동의 자기효능감은 그들이 자신의 능력을 믿고 자신감을 가지며, 어려운 상황에 대처할 수 있는 능력을 의미한다. 따라서 아동의 자기효능감 형성은 그들의 학습과 발달에 매우 중요한 역할을 하는데, 다음과 같이 구분 지을 수 있다.[92]

1) 경험적 자기효능감

경험적 자기효능감은 아동의 과거 경험을 통해 형성된다. 성공적인 경험이 많을수록 아동은 자신의 능력을 더 믿게 되고, 어려운 상황에 대처하는 능력을 키우게 된다.

2) 사회적 자기효능감

사회적 자기효능감은 아동이 주변 사람들로부터 받는 지지와 도움을 통해 형성된다. 가족, 친구, 교사 등의 지지와 격려는 아동이 자신의 능력을 믿고 도전하는데 도움이 된다.

3) 모델링

모델링은 아동이 주변 사람들의 행동을 모방하고, 그것을 통해 자신의 능력을 강화하는 과정을 의미한다. 모델로부터 성공적인 행동을 보고 따라 하는 것은 아동의 자기효능감을 높이는데 도움이 된다.

---

92) 메이여봄의 블로그. 2024. 『아동 발달 : 아동의 동기 부여와 자기효능감 형성』. 출처: https://meimei1315.tistory.com/31

4) 성공적인 경험 제공

아동이 성공적인 경험을 제공 받을수록 그들의 자기효능감은 높아진다. 성공을 경험하고 목표를 달성함으로써 아동은 자신의 능력을 믿고 더 도전적으로 행동하게 된다.

5) 적절한 도전과 지원 제공

아동에게 적절한 도전과 지원을 제공하는 것은 그들의 자기효능감을 높이는데 중요한 역할을 한다. 주변 환경으로부터 받는 격려와 칭찬은 아동이 자신의 능력을 더 믿고 도전할 수 있도록 도와준다.

2. 문학작품

도서 : 나한테 좋은 생각이 있어 / 댄 야카리노 글·그림, 김경연 옮김 / 다봄 / 2024

보통 한 가정에서의 막내들은 가장 나중에 태어났기 때문에 다른 형제나 자매들에 비해 부모님의 사랑과 관심을 많이 받게 된다. 하지만 가장 어리다는 이유로 의견이 묵살되거나 결정권을 갖지 못하는 경우가 많은데, 이런 상황은 중요한 결정을 타인에게 맡김으로써 자신의 책임을 줄이는 의존성으로 발전될 수도 있는 측면이다.

이 그림책의 주인공 모리스는 땅을 팔 때도, 밥을 먹을 때도, 잠을 잘 때도 형들과 조금씩 다른 모습을 보인다. 그러던 어느 날, 큰형이 먹을 것이 다 떨어졌다고 말하자 둘째 형의 제안에 따라 늘 그랬던 것처럼 모두 땅을 파기 시작한다. 그때 막내 모리스는 "나한테 좋은 생각이 있어."라고 말하지만 아무도 들어주지 않는다. 하지만 다시 한 번 용기를 내어 "난 작아도 큰일을 할 수 있다."고 선언하듯 외치면서 새로운 방법에 도전할 수 있는 기회를 얻는다. 이 결과는 모리스에게 자기효능감을 높여주는 계기가 되었을 것이다. 따라서 자기효능감 증진이 필요한 참여 아동들을 위한 문학작품으로 선정했다.

3. 관련 활동

1) 나만의 방법 외치기

이 활동은 특정 상황을 극복하기 위해 자신이 결정한 방법을 다른 참여자들 앞에서 큰 소리로 외쳐보는 것으로, 적절한 도전의 기회를 제공함으로써 최종 선택 시 성공적 경험 제공을 통한 자기효능감 증진에 도움을 주기 위한 것이다.

참여 아동들에게 제시할 특정 상황은 정답이 없으면서 자유로운 생각을 통해 자신만의 방법을 결정할 수 있는 것이면 되는데, 그 예는 〈활동 자료 11〉에 담겨 있다.

•

누구를 태울 것인가?

100명이 살고 있는 작은 행성이 있었습니다. 그런데 어느 날 원자력 발전소가 폭발해 90명의 사람이 죽고 10명만 살아남았습니다. 하지만 방사능이 계속 번지고 있어 빨리 행성을 탈출해야 했습니다. 마침 이런 상황을 대비해 과학자가 우주선을 개발해 두었는데, 문제는 7명까지만 탑승할 수 있습니다. 그럼 생존자 10명 가운데 누가 우주선에 타야 할까요? 여러분들이 탑승자를 선정해 주세요.

생존자	탑승 여부	이유
변호사		
변호사의 아내(임신 중)		
과학자		
여자 대학생		
45세의 소설가		
여자 탤런트		
목사		
무기를 갖고 있는 경찰관		
축구선수		
외국인 의사		

12 세션

1. 세부목표 : 자아존중감 높이기

아동의 자아존중감 형성은 아동의 성격, 가정환경, 사회와의 상호작용, 교육 등 다양한 요소로부터 영향을 받는다. 이들 요소는 아동이 자신을 어떻게 인식하고 평가하는지에 큰 영향을 미치며, 자아존중감과 자기 이미지 형성에 중요한 역할을 한다. 아동의 자아존중감 형성에 영향을 끼치는 요소들을 자세히 살펴보면 다음과 같다. [93]

1) 가정환경

아동의 자아존중감과 자기 이미지 형성에는 부모와의 상호작용이 큰 영향을 미친다. 안정적이고 지지적인 가정환경에서 자란 아동들은 보다 긍정적인 자아 이미지를 형성하는 경향이 있다. 왜냐하면 부모의 지지와 사랑은 아동이 자신을 인정하고 자아를 발전시키는 데 도움이 되기 때문이다.

2) 사회적 상호작용

아동이 친구, 가족, 교사, 동료들과 상호작용을 하는 것은 자아존중감과 자기 이미지 형성에 큰 영향을 준다. 긍정적인 사회적 관계를 형성하고 지지를 받는 아동들은 보다 높은 자아존중감을 갖게 된다.

---

93) 메이여봄의 블로그. 2024. 『아동 발달 : 아동의 자아존중감과 자기 이미지 형성』. 출처: https://meimei1315. tistory.com/33

3) 교육 환경

학교 등의 교육 환경도 아동의 자아존중감과 자기 이미지 형성에 영향을 미친다. 긍정적이고 지지적인 교사들의 지원은 아동이 자신의 능력을 발휘하고 자신감을 키우는데 도움이 된다.

4) 성공과 실패 경험

아동이 경험하는 성공과 실패는 자아존중감과 자기 이미지 형성에 영향을 준다. 성공적인 경험은 자신에 대한 자신감을 높이고 긍정적인 자아 이미지를 형성하는데 도움이 되며, 반대로 실패는 자아에 대한 의심과 불안을 불러일으킬 수 있다.

5) 개인적 특성

아동의 성격, 특성, 능력 등도 자아존중감과 자기 이미지 형성에 영향을 미친다. 개인적인 강점을 인식하고 발전시키는 과정은 자아존중감을 높이고 자기 이미지를 형성하는데 중요한 역할을 한다.

2. 문학작품

도서 : 다음에는 / 이석구 글·그림 / 빨간콩 / 2024

공격수를 하고 싶지만 차마 친구들에게 그 말을 하지 못한 채 계속 골대만 지키고 있는 우진이, 방과 후에 남아 열심히 연습도 해봤지만 결국 축구 연습에서 빠지게 된다. 그러던 어느 날 골키퍼를 하던 친구가 다치면서, 우진이는 다시 축구 연습에 합류할 것인가에 대해 고민을 한다. 과연 우진이는 어떤 선택을 하게 될까?

축구는 한 팀이 11명으로 구성된다. 그 안에는 공격수에서부터 수비수, 골키퍼에 이르기까지 다양한 역할을 맡은 선수들이 있는데, 결국 그들이 책임을 다하며 상호작용이 원활하게 이루어질 때 경기에서 승리할 수 있다. 즉, 물론 공격수가 선봉에서 주로 골 넣는 역할을 담당하기 때문에 상대적으로 주목받을 가능성은 높지만, 수비수나 골키퍼 또한 중요하다는 의미이다.

마지막 12세션을 위해 이 그림책을 선정한 이유는, 모든 사람들에게는 저마다의 역량이 있다는 점, 그것을 최대한 발휘할 때의 모습이 가장 아름답다는 점, 따라서 그것을 스스로 인정하는 것의 필요성과 가치에 대해 이야기 해주고 싶었기 때문이다.

3. 관련 활동

1) 나의 강점 배틀

'배틀(battle)'은 '싸움', '전투'라는 의미가 있다. 따라서 이 활동은 내가 갖고 있는 남보다 뛰어나거나 유리한 점에 대해 마치 전투를 하듯 다른 아동들과 경쟁적으로 자랑을 하는 것이다.

우선 각 아동들은 배틀에 참전하기 위해 정해진 시간 내에 각자의 강점을 정리한다. 이어서 참여 아동들의 수에 따라 '라운드 로빈 방식' 등에 따라 배틀을 시작하고, 최종 승자를 가린다.

이 활동의 핵심은 사실 상대를 이기는 것이 아니다. 그보다 자신의 강점을 최대한 많이 떠올리는 것, 나아가 그것들을 여러 사람들 앞에서 자신 있게 외치는 것이다. 그러므로 너무 경쟁에 치우쳐 의도하지 않은 상처를 받지 않도록 운영하는 것이 좋겠다.

2) 참여 소감 나누기

　매주 1세션씩을 빠지지 않고 운영한다면, 총 12세션은 3개월 동안의 여정이다. 따라서 길다면 길고 짧다면 짧을 수 있는 기간인데, 그래도 서로 처음 만나 어색했던 순간부터 어느덧 익숙해질 동안 많은 이야기를 나눈 관계들이니, 헤어짐에 앞서 참여에 대한 소감을 나누어 보자.

ADAPTATION

청소년의
사회 적응 능력 강화를 위한
독서치료 프로그램

두 번째 적응

청소년의
사회 적응 능력 강화를 위한
독서치료 프로그램

1. 프로그램 목표

'사회'는 공동 생활을 하는 사람들의 조직화된 집단이나 세계로, 그 주요 형태에는 가족, 마을, 조합, 계급, 정당, 회사, 국가 등이 있다. 따라서 사회는 결국 사람들이 살아가는 삶의 터전 전체라고 할 수 있다. 이어서 '적응'은 일정한 조건이나 환경에 맞추어 잘 어울림, 생물의 형태나 기능이 주어진 환경 조건에 생활하기 쉽게 형태적ㆍ생리학적으로 변화하여 감, 생활이 환경의 요청에 응함과 동시에 저절로 여러 요구가 채워지고 조화를 이루는 상태를 의미한다. 따라서 '사회 적응'은 사람들이 사회ㆍ문화적 규범에 맞게 살기 위해 적응하는 것을 뜻한다.

그렇다면 청소년들의 사회는 어디까지이며, 그들이 사회에 적응하기 위해 지켜야 할 사회·문화적 규범에는 어떤 것들이 있을까? 앞서 '사회'를 공동 생활을 하는 사람들의 조직화된 집단으로 정의했으므로, 그 맥락에서 생각해 보면 청소년들의 사회는 가정과 학교, 학원이라고 할 수 있다. 따라서 그들이 지켜야 할 공통적인 사회·문화적 규범에는 교칙(校則), 즉 학생이 지켜야할 학교의 규칙이 있다.

그런데 모든 청소년들이 사회·문화적 규범을 잘 지키는 것은 아니다. 아직 어른이 아님에도 이미 신체는 성인들을 능가할 정도로 발달했기 때문인지, 사회 규범에 어긋나는 행위를 하며 다른 사람들의 권리를 침범하는 청소년들도 있다. 때로 그런 행위는 집이나 학교, 공공장소에서도 지속적으로 나타날 수 있는데, 정도가 심해지면 반사회적이고 공격적이며, 폭력적인 성향이 반복적으로 나타나는 품행장애로 발전할 수도 있다.

청소년기는 생물학적, 심리적, 사회적 변화가 매우 큰 시기이다. 이런 변화는 결국 청소년들이 자신의 역량을 탐색하고, 독립적 사고를 발전시키며, 사회적 관계를 형성 및 유지하는데 필수적인데, 문제는 이처럼 다양한 측면에서의 큰 변화들이 스트레스로 작용할 수 있다는 점이다. 따라서 안정적인 적응을 통해 성인기 전기로의 성공적 이행이 중요한데, 이 과정을 위해 필요한 것이 사회 적응 능력이다.

본 프로그램은 독서치료를 통해 청소년들의 사회 적응 능력을 강화시키는 것이 목표이다. 집단 독서치료 프로그램의 참여자들이 구성되면 또 하나의 작은 사회가 형성되는 것인데, 부디 이곳에서도 적응을 잘하여 실제 사회로 돌아갔을 때에도 역량을 충분히 발휘하기를 바란다.

2. 프로그램 구성

본 프로그램의 참여 대상은 청소년이다. 보통 우리나라에서의 청소년은 중학생과 고등학생을 의미하기 때문에, 그들만이 참여할 수 있는 수준의 독서치료 프로그램을 개발했다. 따라서 만약 청소년의 범위에 초등학교 고학년과 대학생까지 포함시킨다면, 그들에게 적용할 프로그램은 수정 보완 과정을 거쳐 재설계할 필요가 있다.

독서치료 프로그램의 유형은 운영 기간에 따라 단기와 장기로 구분되는데, 본 프로그램은 12세션이기 때문에 장기 독서치료에 포함시킬 수 있다. 따라서 더 긴 호흡으로 집중력을 발휘해 치료에 임할 필요가 있다. 더불어 세션 별 운영 시간은 2시간으로 중·고등학교의 수업 시간으로 환산을 하면 2교시에 쉬는 시간을 포함한 정도의 시간이다.

문학작품은 청소년들이 많은 분량의 책을 읽어 오는 것에 대한 부담을 줄여 주기 위해서 그림책으로만 선정했다. 따라서 각 세션을 시작하면서 읽어줄 예정이다. 이어서 관련 활동은 활동지에 적정 답변을 쓰거나 특정 문종을 쓰는 작문에서부터, 에너지가 많은 시기라는 특성을 활용해 움직임이 있는 게임도 활용할 것이다.

다음의 〈표〉는 이상의 내용을 종합적으로 구성한 청소년의 사회 적응 능력 강화를 위한 독서치료 프로그램의 세부 계획서이다.

〈표〉 청소년의 사회 적응 능력 강화를 위한 독서치료 프로그램 계획

세션	세부목표	문학작품	관련 활동
1	마음 열기	도서 : 잠자리채 소년	프로그램 소개, 집단 서약서 작성, 자기 소개하기(어떤 소년/소녀)
2	사회 적응력 점검 1 – 자아존중감 및 자기 확신	도서 : 대주자	자아존중감 검사, SAI 청소년강점검사
3	사회 적응력 점검 2 – 통제감 및 목표 지향성	도서 : 화살을 쏜 소녀 도서 : 망고 망고 망고	룰렛 돌림판 게임
4	사회 적응력 점검 3 – 문제해결력 및 창조적 자기표현	도서 : 달콤한 문제 도서 : 깜장바위 깜장바위	콜라주로 표현한 나
5	사회 적응력 점검 4 – 반성적 사고 및 위험 요소 대항	도서 : 아주 커다란 물고기	반성적 사고를 통한 대항 방안 모색하기
6	사회 적응력 점검 5 – 의사소통 기술 및 갈등 해소	도서 : 담쌓는 사람	언어의 장벽 무너뜨리기
7	사회 적응력 점검 6 – 적응도	도서 : 종이 소년	종이 하트 접기
8	사회 적응력 증진 1 – 자아존중감 증진	도서 : 이제, 날아오르자	플라잉 요가 체험
9	사회 적응력 증진 2 – 가족 관계 증진	도서 : 금이 생겼어요!	틈에서 피울 꽃 그리기
10	사회 적응력 증진 3 – 또래 관계 증진	도서 : 숲속의 먼지	함께 놀며 친해지기
11	사회 적응력 증진 4 – 교사와의 결속력	도서 : 고민 해결사 펭귄 선생님	선생님에게 고민 편지 쓰기
12	사회 적응 능력 확립	도서 : 그게 바로 너야!	신체 본뜨기 : 이게 바로 나야!, 참여 소감 나누기 및 종결

1 세션

1. 세부목표 : 마음 열기

조심해야 돼

신복순

문은
수시로 열고 닫고
들락거려도 괜찮지만

마음은
열었다가 닫아 버리면
영영 못 들어갈 수도 있어

그래서 늘 조심해야 되지

『발행처 불명 / 발행년불명』[94]

필자는 대상별 유형별로 계획 및 운영하는 독서치료 프로그램 첫 세션의 세부목표를 거의 대부분 '마음 열기'로 정한다. 왜냐하면 치료 대상자들을 열심히 도우려는 마음의 치료사는 물론이고, 참여하는 사람들 모두 마음을 열고 적극적으로 임해야 실질적인 성과를 거둘 수 있기 때문이다.

그런데 치료 대상자들은 쉽게 마음을 열지 않는다. 시의 내용처럼 열었다가 닫아 버리

---

94) 네이버 블로그 '연못으로 가는 길'. 출처: https://blog.naver.com/jay8174/222913288638

면 영영 못 들어갈 수도 있기 때문이라기보다는, 오랜 시간 닫고 있었기 때문에 본인조차 어떻게 열어야 할지 모르기 때문일 수도 있다. 또한 독서치료에서의 방식처럼 닫혀 있던 문을 열어달라고 두드렸던 사람도 없었을 것이다.

따라서 마음 열기가 쉽지 않을 테고, 특히 집단 독서치료 프로그램이라면 참여자들마다의 속도나 정도가 다를 것이다. 하지만 결국 마음을 열고 그 안에 무엇이 있는지를 보여주어야 치료는 시작될 수 있다. 그러므로 조심스레 노크를 하는 것처럼 첫 세션을 시작하면 좋겠다.

2. 문학작품

도서 : 잠자리채 소년 / 채다은 글·그림 / 고래뱃속 / 2023

담을 수 없는 것을 담으려 했고,
잡을 수 없는 것을 잡으려 했지.
다 가지지는 못하더라도
다 잃고 싶진 않았는데. .
이 빈자리는
채워지는 걸까?

잠자리채로는 '바람'을 잡을 수 없다. 그런데 다행히 '빗물'도 담을 수 없다. 뚜껑이 있는 병이었다면 '나비'를 잡아서 담을 수 있었을 것이다. 그렇다면 잠자리채 안에는 무엇을 잡아서 담을 수 있을까?

주인공 소년은 한창 꿈을 꾸는 사람이다. 그 과정에서 실수와 실패로 인한 좌절을 겪는 중이다. 언제쯤 자신이 원하는 것을 가질 수 있을지 모르지만, 이런 과정을 잘 견디면 분명 꿈을 이룰 수 있을 것이다.

첫 번째 세션을 위해 이 그림책을 선정한 이유는, 청소년들도 자신이 처한 사회에 적응을 하고자 무던히 애를 쓰고 있지만 성공보다는 실패의 경험을 더 많이 하고 있을 것이기 때문이다. 따라서 잠자리채 소년에게 쉽게 동일시를 할 수 있을 테고, 나아가 이 프로그램에서는 무엇을 잡아야 할 것인가에 대해 생각해 볼 수 있게 해줄 것이다.

3. 관련 활동

1) 프로그램 소개

2) 집단 서약서 작성

3) 자기 소개하기(어떤 소년/소녀)

이 활동은 그림책 『잠자리채 소년』을 응용한 것으로, 참여 청소년들이 자신을 비유적으로 표현해 모방 글을 써보는 것이다. 즉 '바람 같은 소년', '탁구 소녀' 등으로 제목을 정한 뒤, 해당 이미지를 그림으로 표현하고, 나아가 그렇게 비유한 이유를 적어보는 것이다. 청소년들에게 제시할 활동지는 〈활동 자료 1〉에 담겨 있다.

어떤 소녀/소녀

그림책 『잠자리채 소년』처럼 여러분 자신을 비유적으로 표현해 보세요.

그 이미지는 그림으로 그리고, 이어서 관련 내용도 글로 적어주세요.

이미지	제목 :
	내용

2 세션

1. 세부목표 : 사회 적응력 점검 1 – 자아존중감 및 자기 확신

두 번째 세션은 청소년들의 자아존중감 및 자기 확신 정도를 점검해 보는 것이 목표이다. 때문에 고등학교 교과서에 실린 수필 한 편을 읽고 시작하는 것도 좋겠다.

확신이 없어도 괜찮아

김찬호

젊은이가 학교를 나와서 제 몫을 하는 성인으로 자라나기까지의 과정에서 가장 중요한 것은 비단 공부에서뿐 아니라 인생 전반에서 호기심과 흥미를 잃지 않는 것이다. 이것은 결코 만만한 일이 아니다. 지금 우리 사회는 청소년을 그와 정반대의 길로 이끌고 있다. 호기심을 죽이고 냉소와 무관심으로 몰고 간다. 자기가 하는 일이 시간 낭비라는 생각만은 절대로 갖지 말게 해야 한다. 청소년에게 가장 필요한 것은 추구할 만한 매력을 가진 목표와 거기에 도달할 수 있는 실력이다.

미국의 심리학자 미하이 칙센트미하이의 저서 『어른이 된다는 것』에 실린 글이다. 이 글을 읽으니 오래 전에 신문에서 보았던 네 컷짜리 만화 한 편이 생각난다. 아버지가 고등학생 아들에게 묻는다. "너 뭐하려 과외 하니?" 아들은 대답한다. "좋은 대학에 가려고요." 아버지가 다시 묻는다. "좋은 대학 가서 뭐하려고?" 아들이 다시 답한다. "과외 하려고요."

어린 시절에는 누구나 반짝이는 눈으로 주변 세계를 탐구하고 어른들에게 질문한다. 그런데 자라면서 환경에 익숙해지고 생각의 집이 건축되면서 그러한 지적 탐구 능력과 욕구가 서서히 쇠퇴한다. 특히 학교에 입학하고 학년이 올라감에 따라 여러 가지 지식이 딱딱한

형식으로 주입될수록 안으로부터 솟구쳐 오르는 호기심이 점점 줄어든다. 공부가 대입의 수단으로 전락하고 대학 공부마저 취업을 위한 시험 준비로 획일화되는 상황에서 지성은 거의 실종되어 버린다. 도구화된 공부는 열정을 수반하기 어렵다. 삶과 무관하게 보이는 지식을 강요받으면서 학업에 대한 냉소주의가 싹튼다.

진정한 앎은 어떻게 일어나는가. 관심사를 따라 생각하고 관찰하고 독서하면 자기 나름의 지성을 일구어 갈 수 있다. 그 실마리는 우연히 생겨나기도 한다. 예를 들어 미국 우주 과학 연구소에서 외행성을 연구하는 천문학자 하이디 해멀은 어릴 때 부모와 여행을 많이 했는데 차멀미가 심했다고 한다. 그래서 주의를 다른 곳으로 돌리려고 밤이면 창밖을 내다보았다. 그러다가 별자리가 보이기 시작했고, 그 공부를 하면서 차멀미를 잊을 수 있었다. 그런 습관이 직업으로 이어진 것이다. 이렇듯 어릴 때의 우연한 경험을 통해 자신의 적성을 깨닫고 그 길로 일관되게 나아가 큰 업적을 이룬 사람들이 종종 있다.

그러나 그런 행운을 얻는 사람은 많지 않다. 어린 시절 자신이 하고 싶은 일을 찾아서 흐트러짐 없이 매진하여 성공한 사례들은 청소년들에게 용기를 줄 수도 있지만, '누구는 초등학교 때 이미 자신이 갈 길을 정했는데, 나는 고등학생이나 되었는데도 아직 갈피를 잡지 못하고 있다니, 이게 뭐람?'이라는 생각에 주눅이 들 수도 있다. 그러나 대학생이나 30대의 성인들 가운데서도 정말로 자신이 잘할 수 있는 것이 무엇인지를 확신하는 사람은 많지 않다.

긴급 구호 활동가로 일하는 한비야는 어느 칼럼에서 청소년들 가운데 인생의 목표를 정한 이가 10퍼센트도 되지 않을 것이고 그것이 당연한 것이라면서, 자신도 지금의 일을 하기까지 전혀 예기치 않았던 우여곡절들이 있었음을 회고한다. 그리고 "가슴 뛰는 일을 하라."라는 말에 당혹해할 청소년들에게 다음과 같은 위로의 말을 건넨다.

그러니 여러분도 지금 목표가 뚜렷하지 않다고 너무 걱정하지 말기를 바란다. 무엇보다도 그 방향으로 첫걸음을 떼었느냐가 중요하다. 완벽한 지도가 있어야 길을 떠날 수 있는 것은 아니다. 서울부터 부산까지 가는 방법은 수십 가지다. 비행기나 KTX를 타고 갈 수도 있고 국도로 가는 승용차처럼 돌아가는 방법도 있다. 질러가든 돌아가든 여러분의 인생 표지판에 신의주가 아니라 부산이라는 최종 목적지가 늘 보이기만 하면 된다. 방금 본 이정표에 대전이라고 써 있어도 괜찮다. 목포라고 써 있어도 놀라지 마시길, 여러분은 잘 가고 있다. 적어도 남행선 상에 있는 거니까.

　지금처럼 급변하는 세상에서 평생 동안 몸담을 직업을 찾는 일은 점점 어려워진다. 인생의 목표는 직업으로 수렴되지 않는다. 꿈이 무엇이냐고 물으면 의사, 변호사, 언론인, 공무원, 교사 등 직업을 말하는 젊은이들이 많다. 그러나 의사나 공무원이 되는 것 자체가 꿈이라면 궁색한 인생이라고 하지 않을 수 없다. 그 직업을 얻고 나면 더 이상 추구할 꿈이 없어지기 때문이다. 한국의 많은 대학생이 혼란과 방황에 빠져드는 것도 마찬가지다. 대학 입학을 목표로 삼고 열심히 공부하던 고등학생들이 그 목표를 이루고 나면 이후에 무엇을 해야할지 갈피를 잡지 못하고 불안해한다. 차라리 목표가 뚜렷했던 수험생 시절이 행복했다고 한다. 그래서 일단 또다시 취직을 겨냥해 공부를 시작하는 것이다.

　그렇다면 꿈은 무엇이어야 하는가? 그것은 궁극적으로 이루고 싶은 그 무엇이다. 예를 들어 공무원이 되고자 한다면, 직업 그 자체를 꿈으로 삼기보다 장차 공무원으로서 어떤 정책을 실현하여 지역 사회와 시민 생활을 어떻게 디자인 하고 싶다는 이상을 품어야 한다. 똑같은 의사라 해도 오로지 돈벌이에만 혈안이 된 의사와 환자들의 마음을 살피면서 그들의 삶의 질에 관심 쏟는 의사는 전혀 다른 인생을 살고 있다고 할 수 있다. 그러므로 인생의 목표는 삶 전체를 통해 이루고자 하는 어떤 가치관이어야 한다. 그 가치를 제대로 세우기 위해서는 '진정 중요한 것과 중요하지 않은 것'을 분간하는 기준을 정해야 한다. 이는 청소년기에 적성 검사 못지않게 중요하다. 그 푯대를 확인했다면 전공이나 직업에 대한 확신이 다소 불투명해도 크게 상관이 없다. 그 꿈을 실현하는 길은 여러 갈래로 나 있기 때문이다. 삶의 궁극적인 목표가 분명한 사람은 얼핏 눈에 잘 띄지 않는 비좁은 샛길을 찾아내고, 없는 길도 뚫을 수 있다. 그 과정에서 부딪히는 난관에 좌절하지 않고 실패를 무릅쓰고 계속 전진하는 힘도 바로 그러한 열정에서 솟아오른다. 따라서 삶에 대한 의지를 자각할 수 있는 조건을 어떻게 마련하는가가 앞으로 매우 중요한 과제로 대두된다.

『생애의 발견 / 김찬호 지음 / 인물과사상사 / 2009』

2. 문학작품

도서 : 대주자 / 김준호 글, 용달 그림 / 책고래 / 2024

야구는 투수와 포수부터 타자, 1루수, 2루수, 3루수, 유격수, 좌익수, 중견수, 우익수까지 선수 열 명이 각자의 위치에 서서 경기에 임한다. 그런데 이들처럼 선발로 뛰는 선수들 외에 벤치에서 대기를 하는 이들도 있다. 그들은 주전 선수들에게 어떤 문제가 생기거나 역할을 잠시 대신해야 할 상황에만 드러나는데, 대타자나 대주자가 그들이다. 이 가운데 '대주자'는 안타를 쳤거나 사구를 골라내서 출루해 있는 주자를 대신하여 뛰는 선수로, 감독의 지시가 있기 전까지는 벤치를 지켜야 한다.

이 그림책의 주인공은 대주자이다. 따라서 유명하지도, 대체가 된 순간에도 주목을 받지 못한다. 하지만 그는 단 한 점을 뽑아 팀을 승리로 이끌기 위해 홈베이스를 밟으라는 감독의 요구에 따라 오직 달리는데 집중한다. 따라서 팀 내에서 가장 빠른 선수로 인정받는다.

두 번째 세션을 위해 이 그림책을 선정한 이유는, 프로그램에 참여 중인 청소년들도 아직은 세상에 잘 드러나지 않은 채 누군가로부터 쓸모를 기다리는 사람들이라고 생각했기 때문이다. 더불어 자아존중감이 높고 자기 확신이 있다면 스스로 먼저 자신을 드러낼 수도 있겠다는 의미를 전하고자 하는 이유도 있다. 당당히 자신이 원하는 포지션의 주전 선수가 되기를 바라며!

3. 관련 활동

1) 자아존중감 검사

자아존중감 척도는 개인의 자아존중감 수준을 측정하기 위해 개발된 도구로, 그 중 가장 널리 사용되는 것이 바로 로젠버그 자아존중감 척도(Rosenberg Self-Esteem Scale, RSES)이다.

이 척도는 1965년 사회학자 모리스 로젠버그(Morris Rosenberg)가 개발했으며, 자신에 대한 긍정적 또는 부정적 평가를 측정하는 10개의 문항으로 구성되어 있다.

2) SAI 청소년강점검사[95]

강점이란 '한 사람의 재능 및 그와 관련된 지식, 기술, 노력을 결합한 것이며 특정 과제에서 일관되게 완벽에 가까운 수행을 할 수 있게 하는 능력'(Clifton & Nelson, 1992), 또는 '가치 있는 성과를 위하여 최적의 기능을 할 수 있도록 느끼고 생각하고 행동하는 역량'(Linley & Harrington, 2006) 등으로 정의한다.

긍정심리학 연구에 따르면 강점 검사를 통해 자신의 대표 강점을 새롭게 인식하게 되는 것만으로도 우울감은 감소하고 행복감이 증진될 수 있다고 한다. 왜냐하면 대표 강점을 인식하는 것을 통해 강점을 강화함으로써 약점을 약화시키는 심리학적인 기술을 익힐 수 있기 때문이다.

본 검사는 청소년을 대상으로 자신의 강점을 손쉽게 평가할 수 있는 심리검사이다. 현재 긍정심리학을 바탕으로 한 상담 및 코칭 분야에서도 가장 큰 관심을 가지고 있는 검사이며, 강점 검사를 통한 상담 및 코칭 프로그램 등이 가능합니다.

---

95) 강점코칭심리연구소. 출처: http://www.strength.or.kr/new_2019/coaching/coaching_teenager. html

3 세션

1. 세부목표 : 사회 적응력 점검 2 – 통제감 및 목표 지향성

통제감과 마음의 근육 키우기[96]

박윤자 보나(보나심리상담센터)

    사람들은 자신의 삶에 대한 선택과 책임에 대한 자율성이 자기 자신에게 있기를 원한다. 무엇을 할 것인지, 어떻게 할 것인지, 언제 할 것인지를 스스로 선택하고 책임질 수 있기를 바란다. 심리학에서는 자신의 삶에 대한 선택과 책임의 힘이 그 누구에게가 아닌 나 자신에게 있다는 인식을 '자신의 삶에 대한 통제감을 가지고 있다'고 말한다. 이러한 통제감이 우리들의 삶에 어떤 영향을 미치는지에 대한 하나의 실험이 있다.

    랑게르와 로딘(1976)은 자신의 삶에 대한 통제감을 잃게 되는 삶의 단계에 이른 노인들을 대상으로 하나의 실험을 한다. 그들은 한 요양원 입주자들을 A, B 두 집단으로 나누고 다른 부분은 모두 동일하게 하되 단 3가지 조건 즉, 방 안의 가구 배치와 화분 가꾸기, 영화 상영에 대해서만 조건을 달리했다.

    ① 방 안의 가구 배치에 대해서

A집단 : 방 안의 가구 배치를 원하는 대로 다 해 드리겠다고 말한다. (선택권 제시)

B집단 : 편안하도록 가구 배치를 다 해 놓았다고 말한다. (선택권 없음)

---

96) 다음 카페 '숨결 삶결'. 출처: https://cafe.daum.net/0632889045/nylw/8?q=%EC%B2%AD%EC
%86%8C%EB%85%84%20%ED%86%B5%EC%A0%9C%EA%B0%90&re=1

② 화분 가꾸기에 대해서

A집단 : 화분 가꾸기를 원하는 사람은 화분을 가지고 가서 원하는 대로 관리해도 좋다고 말한다. (선택권 제시)

B집단 : 화분을 노인들에게 나누어는 주되, 여러분을 위해 간호사들이 관리를 할 것이라고 말한다. (선택권 없음)

③ 영화 상영에 대해서

A집단 : 목요일과 금요일에 영화 상영이 있으니, 보기를 원하는 사람은 요일을 선택할 수 있다고 말한다. (선택권 제시)

B집단 : 목요일과 금요일에 영화 상영이 있으니, 언제 영화를 볼 것인지 알려주겠다고 말한다. (선택권 없음)

이렇게 3가지 조건이 다른 상태로 3주일을 보냈다. 그런데 3주 후 두 집단에는 큰 변화가 있었다. 선택권을 부여받은 A집단의 경우 B집단에 비해 더 행복해하고, 더 활동적이었다. 뿐만 아니라 A집단은 자신의 건강에 대해 의료진에게 더 적극적으로 물어보며 스스로를 관리한 반면, B집단은 의료진이 알아서 해주겠지 하는 수동적인 자세를 보였다.

이처럼 자신의 삶에 대한 개인적인 힘과 통제는 노인들의 건강과 삶의 태도, 심지어는 생명에도 영향을 미쳤다. 따라서 우리는 자신의 삶에 대한 통제감을 갖고 사는 것이 얼마나 중요한지 알아야 한다. 또한 다른 사람의 삶에 대한 통제감 역시 존중할 필요성에 대해서도 알아야 한다.

그런데 우리 사회에는 '사랑'이라는 이름으로 자신의 삶에 대한 통제감을 존중받지 못하는 사람들이 있다. 우리의 청소년들이다. 학교, 부모 모두 아이를 위한다고 하면서 청소년들이 자신의 삶에 대한 통제감을 가질 기회를 주지 않는다. 성공해야 한다, 좋은 대학에 들어가야 된다며 많은 부분들을 통제한다. 따라서 통제감을 존중받지 못한 청소년들은 분노와 무력감을 경험하고, 자신의 선택과 책임 속에서 마음의 근육을 형성하지 못했기 때문에 감정 조절도 잘 하지 못한다.

따라서 우리는 서로에게 자신의 삶에 대한 통제감을 돌려주어야 한다. 무엇을, 언제, 어떻게 할 것인가에 대해 스스로 선택하고 책임질 수 있도록 해주어야 한다. 그리고 기다려 주어야 한다. 조금은 답답하고 안타까울지라도 스스로 선택하고 책임지는 과정은, 마음의 근육을 키우는 기회가 될 것이다.

2. 문학작품

① 도서 : 화살을 쏜 소녀 / 안 테랄 글, 상드 토망 그림, 김자연 옮김 / dodo / 2024

"어디로 가는지는 모르지만, 내가 원하는 곳으로 갈 거예요.
나뭇잎 사이로, 화살이 날아간 곳으로요."

이 두 문장으로 어떤 내용인지, 저자가 말하고자 하는 바가 무엇인지 다 알 수 있을 그림책이다.

세 번째 세션을 위해 이 그림책을 선정한 이유는 목표를 지향하며 나아가는 것이 힘들겠지만, 내가 결정한 곳으로 나아가는 것의 필요성과 가치에 대한 이야기를 나누기 위함이다. 언제든 다시 돌아오면 되고, '늦음'이나 '틀림'은 바로 잡으면 되니까.

② 도서 : 망고 망고 망고 / 김두배 글·그림 / 인디펍 / 2024

망고가 태어났다. 세상에 처음 나온 망고는 시원한 공기와 강한 햇볕, 새소리를 좋아하게 되었다. 망고는 무럭무럭 자라 예쁜 꽃도 피우고 열매도 맺었다. 그런데 벌레 한 마리가 다가온 뒤로 간지러움과 괴로움을 느끼더니, 결국 나무에서 떨어졌고 썩어서 못 쓰게 되어 버렸다. 그 뒤로도 두 개의 망고가 더 열렸는데, 그것들도 각기 다른 어려움을 겪게 된다. 과연 세 개의 망고는 각자의 시련을 어떻게 이겨낼까?

비록 자신이 원했던 시련은 아니지만 통제감을 발휘하는 과정을 통해 희망을 전하는 내용이 담겨 있어서 선정한 그림책이다.

3. 관련 활동

1) 룰렛 다트 돌림판 게임

'룰렛(roulette)'은 빨간색과 검은색이 번갈아 칠해져 있고 각 칸마다 숫자가 적혀 있는 바퀴를 돌린 후, 작은 구슬을 바퀴와 반대 방향으로 굴려서 구슬이 어느 칸에 멈출 것인가에 돈을 거는 도박 게임의 한 종류이다.

'룰렛 다트 돌림판'은 '룰렛'의 속성을 이용한 것으로, 분명히 그 안에 내가 원하는 내용이 있으나 통제를 하기 어렵기 때문에 당첨될 확률이 매우 낮다. 따라서 이 게임을 바탕으로, 사회 적응의 측면에서 내가 통제할 수 없기 때문에 힘든 측면을 점검해 보면 되겠다.

활동에 필요한 돌림판은 직접 만들거나 제품을 구입하는 방법, 그리고 어플리케이션을 활용하는 방법이 있다. 그러므로 여건에 맞게 선택하면 되겠다.

4 세션

1. 세부목표 : 사회 적응력 점검 3 – 문제해결력 및 창조적 자기표현

청소년기의 자기표현[97]

청소년기는 자기표현과 자기식별에 대한 중요한 과정을 겪는 시기이다. 이 기간 동안 청소년들은 자신의 가치, 관심사, 목표 등을 발견하고 형성하며, 이를 토대로 자신을 세계에 표현하고 식별한다. 청소년의 자기표현과 자기식별은 다음과 같은 이유에서 중요하다.

① **자아 정체성 확립** : 청소년들은 자신의 생각, 감정, 경험을 표현하고, 다양한 역할을 시도하며, 자신의 가치관과 신념을 형성하는 과정에서 자아 정체성을 확립하게 된다.

② **자아존중감 향상** : 자신의 생각과 감정을 자유롭게 표현하고, 자신감 있게 자신의 의견을 제시하는 것은 청소년의 자아존중감 향상에 도움이 된다.

③ **사회적 관계 형성** : 자기표현을 통해 청소년들은 다른 사람들과 소통하고, 관계를 형성하며, 사회 구성원으로서의 역할을 수행한다.

④ **문제 해결 능력 향상** : 자신의 생각과 감정을 명확하게 표현하고, 다른 사람들의 의견을 경청하는 것은 청소년들이 효과적으로 문제를 해결하고, 갈등을 해결하는데 도움이 된다.

⑤ **독립성** : 자신의 의견과 가치를 표현하는 것은 독립적인 사고와 행동의 기초를 마련해준다.

⑥ **창의성 발휘** : 다양한 방식으로 자신을 표현하는 것은, 청소년들이 창의성을 발휘하고 새로운 가능성을 탐색하도록 돕는다.

그렇다면 청소년들은 어떤 방식으로 자기를 표현할까? 옷이나 헤어스타일, 메이크업 등을

---

97) 소피아의 기록노트. 출처: https://sophia9.com/72

통한 외모에서부터, 언어, 몸짓, 행동 방식 등을 통해 자신의 감정과 생각을 표현한다.

① **옷** : 청소년들은 옷을 통해 자신의 개성, 취향, 가치관을 표현한다. 좋아하는 브랜드, 스타일, 색상을 선택하여 자신만의 패션을 연출하는데, 이는 자신감과 독창성을 표현하는 방식이 될 수 있다. 예를 들어, 록 음악을 좋아하는 청소년은 검은색 옷과 밴드 티셔츠를 입고, 환경 운동에 관심 있는 청소년은 지속 가능한 소재로 만든 옷을 입을 수 있다.

② **헤어스타일** : 헤어스타일 또한 청소년들의 자기표현 방식이다. 독특한 헤어스타일을 통해 개성을 드러내거나, 트렌드를 따라가면서 자신감을 표현하기도 한다. 또한 헤어스타일은 문화적 정체성이나 종교적 신념을 표현하는데 사용될 수도 있다. 예를 들어, 특정 문화적 집단에 속한 청소년들은 전통적인 헤어스타일을 유지하거나, 특정 종교를 신앙하는 청소년들은 종교적 규범에 따라 헤어스타일을 정하는 경우도 있다.

③ **메이크업** : 메이크업은 청소년들이 자신의 아름다움을 표현하고, 자신감을 높이는데 도움이 된다. 다양한 색상의 화장품을 사용하여 자신만의 스타일을 연출하면, 이는 창의성과 예술적 감각을 표현하는 방식이 될 수 있다. 또한 메이크업은 자신감이 부족하거나 특정 신체적 특징에 대한 불안감을 긍정적으로 표현하는데 도움이 될 수 있다.

④ **언어** : 청소년들은 언어를 통해 자신의 생각, 감정, 경험을 표현하고, 다른 사람들과 소통한다. 독창적인 언어 사용, 속어 사용, 유머 사용 등 다양한 방식으로 자신을 표현하며, 이는 개성과 창의성을 드러내는 방식이 될 수 있다. 또한 언어는 사회적 지위, 문화적 배경, 가치관을 표현하는데 사용될 수도 있다. 예를 들어, 특정 지역에 사는 청소년들은 그 지역의 방언을 사용하거나, 특정 사회 계층에 속한 청소년들은 그 계층의 특징적인 언어를 사용할 수도 있다.

⑤ **몸짓** : 몸짓은 언어와 함께 청소년들이 생각과 감정을 표현하는 중요한 요소이다. 눈빛, 표정, 자세, 제스처 등을 통해 자신의 의도를 전달하고, 다른 사람들과 소통한다. 몸짓은 비언어적 의사소통에서 중요한 부분이며, 문화적 배경에 따라 다르게 해석될 수 있다. 예를 들어, 일부 문화에서는 눈을 마주치는 것을 무례하게 여기는 반면, 다른 문화에서는 그것을 존중의 표시로 여긴다.

⑥ **행동 방식** : 청소년들은 자신의 행동 방식을 통해 가치관, 신념, 태도를 표현한다. 예를 들어, 환경 운동에 참여하는 청소년은 환경 보호에 대한 자신의 관심을 표현한다.

2. 문학작품

① 도서 : 달콤한 문제 / 다비드 칼리 글, 마르코 소마 그림, 바람숲아이 옮김 / 웅진주니어 / 2023

어느 날, 하늘에서 엄청나게 커다란 무엇인가가 나비 마을에 떨어졌다. 그러자 주민들은 심각해졌고, 마을에서 영향력을 발휘하는 군인, 철학가, 선동가가 나섰지만 명쾌한 답을 찾은 사람은 아무도 없다. 아무도 답을 찾지 못하는데…. 그때 큰 문제 덩어리에 다가간 소녀는, 작은 구멍이 나 있는 곳을 발견하고 손가락 끝으로 눌러 넣은 다음 입으로 가져가 맛을 보고, 매우 달콤하다는 사실을 알게 된다. 그래서 가족들도 맛볼 수 있게 하려고 작은 조각을 떼어 집으로 가져간다.

네 번째 세션을 위해 이 그림책을 선정한 이유는 '문제해결력'에 대한 이야기를 나누기 위해서이다. 대부분의 사람들은 어린 소녀보다는 군인이나 철학가 선동가와 같은 어른들이 문제를 더 잘 해결할 거라고 생각하겠지만, 때로는 경험에 따른 고정관념이 문제 해결을 어렵게 만들기도 한다. 마침 이 그림책이 그 내용을 잘 보여주고 있으니, 참여 청소년들의 문제해결력은 어느 정도인지 점검을 하는데 활용해 보자.

② 도서 : 감장바위 깜장바위 / 윤여림 글, 무르르 그림 / 북멘토 / 2024

항상 나란히 앉아 있던 감장바위와 깜장바위는, 어느 날 내리친 번개로 인해 땅이 갈라지면서 다른 선택을 하게 된다. 평소 소심하고 겁이 많았던 감장바위는 흔들리지 않는 땅속으로 들어가 동물들과 재잘재잘 이야기를 하거나 무서운 꿈, 재미난 꿈을 꾸며 조용히 평화로운 시간을 보냈다. 반면 깜장바위는 그 상황을 재미있다고 느끼며 땅 위를 자유롭게 돌아다니며 물고기와 신나게 헤엄을 치고, 곰 엉덩이도 긁어준다. 그러다가 오랜 시간이 흐른 뒤 다시 만난 둘은 바위가 아닌 돌멩이의 모습이었는데, 흙이 될 때까지 그동안의 경험을 나누었고 이후 서로가 합쳐져 검정깜장 얼룩바위가 된다.

이 그림책에는 같은 상황을 다르게 대응하는 두 개의 바위가 등장한다. 때문에 다른 경험을 하게 되었으나, 그것이 잘못된 것은 아니다. 따라서 문제해결력과 자기표현에 대한 측면을 동시에 다룰 수 있을 것 같아서 네 번째 세션을 위한 문학작품으로 선정했다.

3. 관련 활동

1) 콜라주로 표현한 나

'콜라주(collage)'는 별개의 조각들을 붙여 모아 새로운 이미지를 만드는 미술 기법이다. 보통은 잡지나 신문 등을 오리거나 찢어 큰 종이에 붙이면서 주제에 따른 표현을 하기 때문에, 다양한 종류의 잡지와 신문, 가위 및 풀 등을 준비할 필요가 있다.

5 세션

1. 세부목표 : 사회 적응력 점검 4 – 반성적 사고 및 위험 요소 대항

　다음은 함민복 시인의 시 '소스라치다'의 전문으로, 5세션의 세부목표인 반성적 사고 및 위험 요소 대항에 적합한 작품이라 생각되어 소개를 한다.

소스라치다

함민복

뱀을 볼 때마다
소스라치게 놀란다고
말하는 사람들

사람들을 볼 때마다
소스라치게 놀랐을
뱀, 바위, 나무, 하늘

지상 모든
생명들
무생명들

『말랑말랑한 힘 / 문학세계사 / 2005』

2. 문학작품

도서 : 아주 커다란 물고기 / 조경숙 글·그림 / 스푼북 / 2024

이 그림책의 표지를 보면 『노인과 바다』라는 작품이 생각난다. 왜냐하면 작은 배를 탄 늑대가 아주 커다란 물고기를 잡으려 하고 있기 때문이다. 아니 사실은 누가 누구를 잡으려는 것인지 명확하지 않은데, 다만 늑대와 커다란 물고기가 줄로 연결되어 있다. 노인은 사투 끝에 물고기를 잡았는데, 그렇다면 늑대는 어떻게 될까?

바다에서 해보고 싶은 것이 많았던 늑대는 배를 만든다. 이후 갈매기 먹이부터 피리, 폭죽, 사진기까지 챙긴 뒤 항해를 떠난다. 그런데 항해 중 만난 작은 빨간 물고기는 배가 느려서 부끄럽다, 큰 돛이 있으면 좋겠다고 말하지만 늑대는 아무 문제가 없다고 답을 한다. 그러자 아주 커진 빨간 물고기는 늑대를 삼켜버린다.

수시로 늑대에게 다가와 말을 건넸던 작은 빨간 물고기는 사실 늑대의 불안이었다. 따라서 아주 커진 빨간 물고기는 불안의 크기를 뜻하는 것이고, 잡아먹힌 것은 그 상태에 함몰된 상태를 의미한다. 다행히 자신의 상황을 바로보기 시작한 늑대는 집에서부터 챙겨온 폭죽을 터트려 탈출을 해서 다시 바다로 나아가는데, 이번에는 파란 물고기가 등장한다.

우리 주변에는 위험 요소가 많다. 따라서 항상 대항할 수 있는 방법을 갖고 있다가 적시에 활용할 수 있어야 한다. 더불어 만약 위험에 빠졌다가 탈출을 했다면, 왜 본인이 그런 상황을 겪었는가에 대한 반성적 사고의 기회를 갖는 것도 필요하다.

3. 관련 활동

1) 반성적 사고를 통한 대항 방안 모색하기

이 활동은 본인이 겪었던 부정적 상황들을 반성적으로 돌아보고, 그 과정을 통해 대항 방안을 모색할 수 있도록 돕는데 목표가 있다. 참여 청소년들에게 제공할 활동지는 〈활동 자료 5〉에 담겨 있다.

반성적 사고를 통한 대항 방안 모색하기

여러분이 겪었던 부정적인 일을 떠올려보세요. 그런 다음 내가 어떤 측면에서 잘못을 했는지 반성적 사고를 하고, 그 과정에서 대항 방안을 찾아 정리해 보세요.

겪은 일	반성적 사고	대항 방안

6 세션

1. 세부목표 : 사회 적응력 점검 5 – 의사소통 기술 및 갈등 해소

청소년들은 자신들만의 언어를 만들어 사용하면서 또래 집단 안에 소속되어 있다는 소속감을 느낀다. 이는 청소년기의 자아정체성 및 자율성, 독립성을 높이기 위한 선택이기 때문에, 주변의 어른들은 그들의 특성을 이해하고 수용해주는 태도가 필요하다.

그런데 문제는 청소년들 역시 사회와 소통하기 위한 노력을 해야 한다는 것이다. 그럼으로써 소통의 부재나 불통으로 인해 발생하는 갈등을 줄이거나 적절히 해소하기 위한 노력을 해야 한다는 것이다.

여섯 번째 세션의 세부 목표는 '의사소통 기술 및 갈등 해소'의 측면에서 사회 적응력을 점검하는 것이다. 사람들과 의사소통을 잘하고 있다는 것은, 갈등을 겪고 있는 사람이 적거나 아예 없다는 것은 그만큼 사회에 적응을 잘하고 있다는 증거이다.

2. 문학작품

도서 : 담쌓는 사람 / 아리안나 스퀼로니 글, 데쿠르 그림, 문주선 옮김 / 킨더랜드 / 2024

모든 것들의 사이에는 적당한 거리가 필요하다. 그런데 상대방에게 그 거리가 어디까지인지 알리기 어렵기 때문에, 그럴 때면 혼자만의 담을 쌓을 수밖에 없다. 바로 이 그림책의 주인공처럼 말이다.

"마음에 쏙 드는군!" 담쌓는 사람은 드디어 꼭 맞는 곳을 찾았다고 굳게 믿었다. 그런데 하나 둘 불청객들이 몰려오기 시작하면서, 그의 담은 더욱 견고해져만 간다. 그렇다면 담은 그 사람을 지켜줄 수 있을까? 아주 잠깐 동안은 그런 효과를 발휘했을지도 모른다. 하지만 곧 찾아온 외로움과 답답함에 그는 스스로 담 밖으로 나오게 된다.

살다보면 세상 모든 것들이 싫어질 때가 있다. 그럴 때면 동면하는 동물들처럼 어딘가에 깊숙이 들어가 혼자만의 시간을 보내고 싶은데, '담'은 그런 역할을 해주는 요소이다. 그러나 적당한 높이를 설정하는 것이 관건이다.

여섯 번째 세션을 위해 이 그림책을 선정한 이유는 갈등이 생겼을 때 담을 쌓기 보다는 의사소통을 바탕으로 해결책을 모색해 나가는 것의 필요성에 대해 이야기를 나누기 위해서다.

3) 관련 활동

1) 언어의 장벽 무너뜨리기

분명 우리는 같은 언어를 사용하고 있다. 그런데 그 의미가 무엇인지 전혀 모를 때가 있다. 또는 의미는 파악했으나 왜 그런 말을 내게 하는 것인지 납득이 안 갈 때도 있다. 이는 곧 언어의 장벽이 생긴 상황이라고 할 수 있는데, 결국 불통은 사람들 사이를 악화 혹은 단절시킨다. 따라서 다시 소통을 하려면 그 장벽을 무너뜨려야 한다.

이 활동을 위해서는 벽돌 역할을 해줄 도구가 필요하다. 그러므로 실제 벽돌은 구하기도 어렵고 무겁기 때문에, 종이 벽돌 블록을 구입하거나 우유 상자 등으로 대체할 수 있도록 준비할 필요가 있다. 기본 도구가 준비되면 이어서 포스트잇에 가장 이해하기 힘든 말, 혹은 듣기에 힘든 말들을 써서 각 벽돌 블록에 붙이고, 그것을 차곡차곡 쌓아 담을 만드는 퍼포먼스까지 해본다. 마지막으로 각 청소년들이 벽돌을 하나씩 빼내어 결국 담을 무너뜨릴 수 있도록, 듣고 싶었던 말을 서로가 해주는 활동으로 연결한다.

7 세션

1. 세부목표 : 사회 적응력 점검 6 – 적응도

모든 적응은 예술 작품이다.

– 마샬 맥루한

2. 문학작품

도서 : 종이 소년 / 니콜라 디가르드 글, 케라스코에트 그림, 박재연 옮김 / 피카주니어 / 2024

종이로 만들어진 아이가 있다. 그래서 연약했기 때문인지 다른 아이들은 종이인 소년의 얼굴에 낙서를 하고, 바람에 후 날리며 괴롭히고 따돌린다. 그래서 다른 아이들처럼 평범한 사람이 되고 싶다고 엄마에게 말하지만, 위로를 받지 못한다. 결국 종이 소년은 현재로부터 도망치고 싶다는 생각에 앞만 보고 달리다가 참나무 둥지에 부딪히고 마는데, 그 과정에서 자신의 몸을 접을 수 있다는 점을 알게 된다. 그래서 이렇게도 접어보고 저렇게도 접어보다 늑대가 되어, 비로소 자신의 강함을 느끼게 된다.

사람은 분명 강한 존재이다. 하지만 상황에 따라 한없이 약한 존재가 되기도 한다. 따라서 본인이 만약 적응을 잘 못하고 있다고 여기면 종이 소년과 같이 답답한 마음을 느낄 텐데, 그럴 때는 다각적인 상황 분석을 통해 자신의 모습을 어떻게 만들면 좋을지, 자신의 태도를 어떻게 하면 좋을지 등에 대해 결정할 필요가 있다. 종이 소년이 모습이 동일시를 통한 위로가 되면서 동시에 적정 해결 방안 모색에 도움도 되기를 바라는 마음에 선정한 그림책이다.

3. 관련 활동

1) 종이 하트 접기

색종이를 고르면, 사회 적응을 위한 다짐을 적게 한다. 이어서 다음 그림의 순서대로 하트를 접어 고이 간직할 수 있도록 한다.

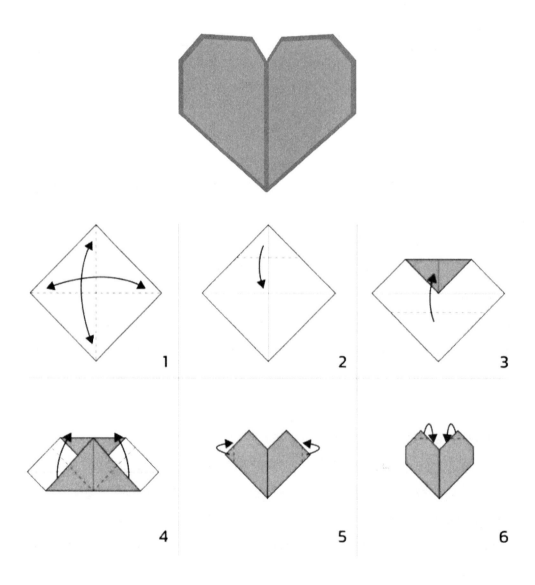

8 세션

1. 세부목표 : 사회 적응력 증진 1 - 자아존중감 증진

다음은 청소년기의 자아존중감과 자기 인식 향상이 왜 중요하며, 적정한 전략에 따라 강화를 시켰을 때의 효과를 정리한 내용을 인용[98]한 것이다.

청소년기는 자아를 형성하고 자기 인식을 개발하는 중요한 시기이다. 이때 얻게 되는 자아존중감과 건강한 자아 인식은 청소년의 심리적 안정과 성장에 영향을 미친다. 그러나 사회적 압력, 학업 부담, 가정 문제 등으로 자아존중감이 훼손되거나 자아 인식이 혼란스러울 수 있다. 이에 청소년들에게 자아존중감과 자아 인식을 강화시켜주는 프로그램이 필요하다.

자아존중감의 중요성 : 자아존중감은 자신을 긍정적으로 평가하고 자기 자신을 소중히 여기는 것이다. 따라서 이는 자신에 대한 건강한 심리적 발달에 필수적 요소이다. 자아존중감이 강화되면 청소년들은 스트레스를 관리하는 능력이 향상되고, 자신의 능력을 신뢰하며 도전하는데 더욱 자신감을 가질 수 있다.

자아 인식의 중요성 : 자아 인식은 자신을 이해하고 받아들이는 과정으로, 자기 개념과 정체성을 발전시키는데 관련된다. 따라서 자아 인식이 명확하지 않은 경우 청소년들은 혼란과 불안을 느낄 수 있다. 건강한 자아 인식은 청소년의 정서적 안정과 삶의 목표 설정에 도움이 되며, 적응력과 대인관계 기술 향상에도 도움을 준다.

---

98) 머니클레스1000. 2024. 「청소년들의 자기존중감과 자아인식 강화를 위한 프로그램 소개」. 출처: https://ysuson1000.tistory.com/98

청소년들의 자아존중감과 자아 인식 강화를 위한 전략에는 다음과 같은 것들이 있다.

개인적인 탐구 및 탐색 : 청소년들의 자아존중감과 자아 인식을 향상시키기 위해서는, 봉사 활동이나 글쓰기와 같은 다양한 활동을 통해 자기를 탐구 및 탐색할 수 있는 기회를 제공할 필요가 있다.

긍정적인 피드백 제공 : 청소년들의 노력과 성취에 대해 칭찬하고, 잘못을 했을 때에도 비난보다는 배움의 기회로 삼도록 격려한다.

그룹 활동과 토론 : 청소년들끼리 경험을 공유하며 서로를 이해하고 자기를 발견할 수 있도록 돕는다.

이어서 다음의 내용은 이와 같은 전략을 통해 청소년들의 자아존중감과 자아 인식을 강화시켰을 때 거둘 수 있는 효과이다.

심리적 안정 : 강화된 자아존중감과 자아 인식은 청소년들의 심리적 안정을 촉진시킨다. 또한 자신을 이해하고 수용하는 역량이 높아지면서 스트레스 및 불안 관리 능력도 향상되어, 적응을 잘 할 수 있게 된다.

긍정적인 행동 : 자아존중감과 자기 인식이 향상된 청소년들은 긍정적 행동을 취하며, 자신과 타인을 존중하는 태도를 보인다.

대인관계 개선 : 자기를 이해하고 수용하는 능력이 향상되면 대인관계 또한 개선된다. 자아존중감이 강화된 청소년들은 다른 사람과의 관계에서도 자신감을 발휘하고 존중받을 확률이 높아진다.

학업 성취도 향상 : 자아존중감과 자기 인식이 높은 청소년들은 학업에 대해서도 자신감을 가지며 집중력 또한 향상되기 때문에, 자연스럽게 학업 성취도 향상으로 이어진다.

문제 해결 능력 강화 : 자아존중감이 높은 청소년들은 자신에 대한 자신감과 긍정적인 자아 인식을 바탕으로, 문제에 대해 더 적극적으로 대처할 수 있는 능력을 갖춘다.

2. 문학작품

도서 : 이제, 날아오르자 / 허정윤 글, 이소영 그림 / 웅진주니어 / 2024

그네는 사람들이 앉을 수 있고, 발을 구르면 조금 더 높은 곳으로 올라갈 수 있도록 도 와주는 놀이 기구이다. 따라서 수동적이지만 묵묵히 그 무게를 견뎌낸다.

이 그림책은 슬픔과 아픔을 떨치고 가볍게 날아오르고 싶은 사람들의 이야기를 담았다. 오히려 날아오르기 위해서는 적당한 무거움이 필요하다는 메시지를 통해, 현재 겪고 있는 어려움은 더 높은 곳으로 가기 위한 과정일 뿐이라는 위로를 건넨다.

따라서 자아존중감이 약해 사회 적응에서도 어려움을 겪고 있었을 청소년들에게 읽어주 기 위해 선정한 그림책이다.

3. 관련 활동

1) 플라잉 요가 체험

플라잉 요가(flying yoga)는 해먹을 걸고 공중에서 요가, 필라테스 동작을 하는 요가 운동의 일종으로, 전통적인 요가와 공중에 걸쳐 수행되는 항공 체조를 결합한 형태의 운동이다. 영 어권에서는 '에어리얼 요가(aerial yoga)' 혹은 '안티그래비티 요가(anti-gravity yoga)'라고 부른다.

따라서 이 체험은 독서치료 프로그램 중에 할 수는 없는데, 자신의 힘으로 특정 동작을 해냈을 때의 성취감을 느껴보는 것이 자아존중감 향상에도 도움이 될 것 같아 제안해보는 활동이다. 근래에는 플라잉 요가를 체험하거나 배울 수 있는 곳이 많기 때문에, 어렵지 않게 찾을 수 있을 것이다.

9 세션

1. 세부목표 : 사회 적응력 증진 2 – 가족 관계 증진

'가족관계증명서'라는 것이 있다. 이 증명서는 가족관계등록부 등의 증명서 가운데 한 종류로, 명칭 그대로 가족 관계임을 증명할 필요가 있을 때 발급받는 것이다. 증명서의 종류는 표시되는 내용의 범위에 따라 '일반'과 '상세'로 나누어지는데, 다음 그림은 그 예시이다.

가 족 관 계 증 명 서 (일 반)

등록기준지	서울특별시 서초구 서초대로1길 2

구분	성 명	출생연월일	주민등록번호	성별	본
본인	홍본인(哄俉仝)	1988년 07월 01일	880701-1234567	남	陜川

가족사항

구분	성 명	출생연월일	주민등록번호	성별	본
부	홍부친(哄佃璃)	1955년 01월 21일	550121-1234567	남	陜川
모	김모친(金㊾)	1955년 06월 24일	550624-2345678	여	今寧
배우자	김부인(佃予㓑)	1989년 04월 12일	890412-2••••••	여	潁陽
자녀	홍자녀(哄仔女)	2018년 02월 01일	180201-3456789	남	陜川

위 가족관계증명서(일반)는 가족관계등록부의 기록사항과 틀림없음을 증명합니다.

2018년 11월 14일

이번 세션을 시작하면서 이 증명서를 언급한 이유는 그야말로 이 문서가 부모나 배우자, 자식 등의 관계를 보여줄 수는 있지만, 그들이 맺고 있는 심리·정서적인 관계까지는 포함하고 있지 못하다는 생각이 들었기 때문이다. 따라서 이와 같은 서류가 관계를 명확하게 명시해 보여주는 것처럼, 심리·정서적인 관계도 증진시켜 언제 어디서든 건강한 가족 관계를 드러낼 수 있기를 바란다.

2. 문학작품

도서 : 금이 생겼어요! / 이보나 흐미엘레프스카 글·그림, 이지원 옮김 / 논장 / 2024

세상에서 가장 가까운 사이였던 엄마와 딸, 그런데 딸을 도우려던 엄마의 실수로 두 사람 사이는 금이 갔다. 엄마는 자신이 딸에게 도움을 주거나 보호하려고 했을 때마다 방해만 될 뿐이었다며 자책하면서, 딸이 절대로 자신을 용서하지 않을 거라고 생각한다. 그런데 딸은 자신의 인생 내내 용기를 북돋아주었던 엄마에게 위로를 건네고, 그러자 갈라진 틈에서 꽃이 피어난다.

이 그림책의 내용은 전작 『문제가 생겼어요!』와 이어지는 느낌이다. 다만 차이점이라면 전작에서는 딸의 실수를 엄마가 용서했고, 이 작품에서는 반대가 되었다는 점이다. 어쨌든 가족 내에서 갈등은 자주 발생할 수 있는데, 서로 이해 및 용서를 통해 관계를 회복한다는 메시지를 주고 있는 그림책이어서, 아홉 번째 세션에 함께 읽어보기 위해 선정했다.

3. 관련 활동

1) 틈에서 피울 꽃 그리기

이 활동은 참여 청소년들의 가족에도 금이 간 부분(틈이 생긴 부분)이 있다는 가정 하에, 만약 그곳에서 어떤 꽃이 핀다면 그 종류가 무엇인지 생각해 그려보게 하는 것이다. 이 활동은 가족 간 관계가 원만해지기를 바라는 청소년들의 마음을 담으면서, 동시에 그렇게 되기 위해 내가 할 수 있는 역할에 대해서도 생각해 볼 수 있는 기회를 줄 것이다.

그림을 그려야 하기 때문에 A4 용지, 색연필이나 사인펜 등의 도구를 미리 준비해서, 청소년들이 원하는 대로 그려볼 수 있게 하자.

10 세션

1. 세부목표 : 사회 적응력 증진 3 – 또래 관계 증진

남상은(2021)[99]은 대학생들의 학교 적응을 돕기 위해 CAMPUS 또래 코칭 모델을 개발했다. 비록 이 모델의 적용 대상은 대학생이기 때문에 중·고등학생들에게 그대로 적용하기에는 한계가 있겠으나, 수정 보완을 거치면 또래 관계 증진을 통한 사회 적응력 증진에도 도움이 될 것 같아 소개해 본다.

본 연구를 통해 개발된 대학생 또래 코칭 모델인 'CAMPUS 코칭 모델'은 Concept, Ability, Mindset, Process, Understanding, Self-Evaluation의 6개의 요소로 구성되었다. Concept은 또래 코칭의 개념으로써 또래 코칭의 정의와 필요성, 원리와 가치, 철학과 윤리로 구성되었다. 이는 또래 코칭이 상호 협력적인 공동 작업으로 참여자 간 서로의 책임과 관계에 대한 윤리적 구조를 보여준다는 Ender, Saunders-McCaffrey와 Miller(1979)의 제안을 뒷받침한다. 또한 책임감과 기밀 유지, 또래 동료들과 그들의 경험에 대한 이해를 바탕으로 구성된다는 Stainer(2016)의 견해와 일치하는 부분이 있다.

Ability는 또래코치의 역량 중 코칭 기술에 해당하는 것으로 공감, 인정, 칭찬, 지지 등의 의사소통 기술과 경청, 질문, 피드백의 코칭 기술을 포함하고 있는데, 코칭 기술은 Erikson, Collins, Finocchio와 Oakley(2020)가 언급했듯이 참여자의 개인 개발을 촉진한다. 또한 성과 향상, 수행 태도 개선, 새로운 의사소통 기술의 개발 및 문제해결력 향상, 자신감 향상 등 Passmore와 Brown(2009)의 제안과 집중적인 상호작용을 위한 적절한 전략, 도구, 기법의 활용에 대해 언급한 Cox 외(2019)의 연구에서 밝힌 내용과 유사하다. 질문, 경청, 피드백은

---

99) 남상은. 2021. 『대학생활적응을 위한 대학생 또래코칭모델 개발 : CAMPUS 코칭 모델』. 박사학위논문, 숭실대학교 대학원 평생교육학과.

코칭이 추구하는 비지시적인 접근이라고 할 수 있는데, 이는 학습자의 책임, 자신감, 자존 감의 향상을 도울 수 있으며, 학생들이 교육 경험을 즐기면서 자신의 잠재력을 계발할 수 있 도록 지원, 격려, 도전하는데 중요한 역할을 한다(Van Nieuwerburgh, 2012). Stainer(2016) 역시 심도 깊은 경청과 호기심을 자극하는 자기 탐구적 질문이 또래 코칭에서 피코치의 학 습을 심화시킬 수 있다고 주장하면서, 추가적인 조치를 취할 수 있도록 해주는 질문을 하는 방법을 익히는 것을 또래 코치의 주요한 역량으로 제시하고 있다. 또한 본 연구에서 제시하 고 있는 대학생 또래 코칭 모델은 탁월한 또래 코치의 양성을 위해서는 코칭 기술 등 다양한 기술 습득을 위한 적합한 훈련과 교육이 필요하다는 Benson과 Gurney(2016)의 주장을 뒷 받침한다.

다음으로 Mindset은 또래 코치의 역량 중 코칭 태도에 해당하는 것으로 긍정성과 자기주 도성, 유연성을 포함하고 있다. 이는 코칭에 대해 개인의 잠재력을 극대화시켜, 이를 통해 자 신의 삶을 주도하는 셀프 리더로 성장시키는 과정으로 본 도미향 외(2011)의 연구를 뒷받침하 고 있으며, 자신에 대한 이해와 더불어 인생의 목표를 설정하고 그 목표를 향해 정진하는 태 도를 기르는 과정이라고 언급한 김정량, 김혜연(2019)의 연구의 내용을 '주도성'이라는 단어 로 명명하였다. 또한 또래 코치의 역량으로 사람들로 하여금 긍정적인 미래를 구상하도록 돕 기, 정직하고 신뢰할 수 있으며 지지적이고 낙관적이며 충실하고 존중받을 만한 사람이라는 것을 보여주기 등을 언급한 McDermott(2011)의 연구의 내용을 '긍정성'으로, 코치가 충분히 깨어있고, 개방적이며 유연하여 자신감 있는 태도로 코치와 함께 자발적인 관계를 만들어가 는 능력에 대해 언급한 박창규 외(2019)의 연구의 내용을 '유연성'으로 명명하였다.

Process는 또래 코칭의 프로세스로서 전체 운영 프로세스와 코칭의 대화 과정을 포함한 다. 코칭에서는 다양한 대화 모델을 제시하고 있지만, 전체 프로세스에 대한 모델을 제시하 는 경우는 찾아보기 어렵다. CAMPUS 코칭 모델에서는 '이론 – 이론 교육을 기반으로 한 코 칭 연습 – 코칭 받기 – 또래 코치 간 상호 코칭 – 또래에게 코칭 하기'로 구성된 대학생 또래 코칭의 전체 프로세스를 제시하고 있으며, 전체 구성 안에서 수퍼바이저 코치와 함께하는 성찰과 나눔을 제안하고 있다. 이는 본 연구가 또래 코칭과 관련된 다른 연구와 가장 구별되 는 점이라고 할 수 있다. 뿐만 아니라 전체 프로세스 안에서 대화 모델과 대화 모델에 따른 대화의 예시를 별도로 제시하고 있다.

또래 코칭의 내용 및 상황에 해당하는 Understanding은 대학 생활 적응의 내용과 자기 관리 및 시간 관리 등의 내용 및 상황을 포함하고 있다. 대학생을 대상으로 한 코칭 효과성 연구에서는 긍정적 자아개념 획득(김응자, 2018; 양미경, 2020; 조성진, 2017), 진로 발달과 관련된 효과(고숙희 외, 2020; 정승환, 정지연, 2019), 리더십이나 대인관계 역량 향상(노윤신, 정철영, 2015; 심미영 외, 2019; 이송이, 심태은, 2020), 학습 동기와 학업 성과 등 학업과 관련된 효과(이경희, 강경리, 2016; 정덕현, 2018)를 언급하고 있는데, 이들은 모두 대학 생활 적응과 관련된 내용으로 본 연구에서 개발된 CAMPUS 코칭 모델의 구성 요소에 포함되어 있다는 것을 알 수 있다. 또한 또래 코칭이 학습이나 학교생활, 습관의 개선 및 자기 관리와 관련하여 명확하게 명시된 목표에 도달하기 위한 프로세스라고 언급한 선행연구와도 일치한다(Hagen et al., 2017). 또래 코칭을 통한 진로 적응이 목표 달성의 증가, 전문성의 개발, 전문적 네트워크 및 관계 개선, 적응 환경에서의 회복탄력성과 웰빙으로 이어졌다는 Jones, Wood와 Guillaume(2016)의 의견은, CAMPUS 코칭 모델에서 언급하고 있는 대학 생활 적응과 관련한 진로 적응의 내용과 유사하다고 볼 수 있다.

Self-Evaluation은 또래 코칭의 평가와 관련된 요소로 자기 성찰의 내용을 담고 있다. 성찰이 개인의 전문적인 성장과 발달을 촉진하는 환경에서 또래 코칭이 점점 더 많이 채택된다는 점은 선행연구를 통해 확인이 되었다(Paker et al., 2008). 이처럼 CAMPUS 코칭 모델은 각각 다른 이론적 근거를 가지고 분리되어 다루어져 있던 대학생 코칭의 요소들을 하나의 코칭 모델로 통합하였다고 볼 수 있다.

2. 문학작품
도서 : 숲속의 먼지 / 이진희 글·그림 / 웅진주니어 / 2024

작은 숲에서 태어난 먼지는 자신이 왜 이 숲에 태어났는지 몰랐다. 그래서인지 그저 가만히 응시하고 떠밀리듯 움직이며, 있는 듯 없는 듯 존재할 뿐이었다. 먼지는 두려움을 무릅쓰고 숲에 사는 얼룩덜룩이를 향해 인사를 건네지만 뜻하지 않은 위험에 처하고, 그 과정에서 용감한 아기 고양이를 만나게 된다. 아기 고양이는 위험 속에서 먼지를 구하고,

칠흑 같은 밤의 어둠 속에서도 먼지 곁을 지키는 등, 자신보다 먼지를 더 걱정하는 존재가 되어준다. 그럼에도 먼지는 여전히 자신이 왜 그곳에 태어났는지 알지 못한다. 다만 친구와 함께여서 좋고, 그걸로 충분하다는 것을 느낀다.

사람들은 일생을 살면서 다양한 관계를 맺는다. 따라서 청소년들 또한 그럴 것이다. 다만 아직 나이가 어려 사회 경험 또한 적기 때문에, 관계의 대부분도 가정과 학교, 학원, 그리고 지역사회 내에서 형성될 가능성이 높다. 그런데 장차 관계가 확장되더라도 '친구'의 가치는 똑같을 것이다. 그만큼 한 사람에게 있어 친구의 존재는 매우 중요한데, 이 그림책은 도와주고 함께 해주는 것으로 충분함을 느끼게 해주는 친구에 대한 이야기여서 열 번째 세션을 위한 문학작품으로 선정했다.

3. 관련 활동

1) 함께 놀며 친해지기

이 활동은 여러 게임 및 놀이 활동을 통해, 함께 즐겁게 웃고 더 친해질 수 있는 계기를 만들기 위한 것으로, 프로그램이 운영되는 곳의 여건에 맞게 골라서 활용하기를 바란다.

① 샐러드 자리 바꾸기

인원수보다 하나 적게 의자를 준비하여 동그랗게 놓고 술래를 제외한 모든 사람들은 앉도록 한다. 이어서 참여 학생들에게 샐러드에 들어가는 과일 및 채소로 이름을 부여하는데, 만약 10명이면 5가지만으로 각 두 명씩에게 같은 이름을 준다. 이름 정하기가 끝나면 술래는 가운데에 선 상태로 진행자가 5가지의 이름 중 한 가지를 부른다. 그러면 해당 이름의 학생들은 재빨리 자리를 바꾸어야 하는데, 이 순간 술래가 먼저 자리를 차지하면 앉지 못한 학생이 술래가 된다. 이 게임은 '비빔밥 자리 바꾸기', '햄버거 자리 바꾸기' 등으로 바꾸어 실시할 수도 있다.

② 가위바위보 야구

홈에서부터 가위바위보를 해 이긴 사람은 한 루씩 진루를 하고, 진 사람은 그 자리에 머물러 있는다. 3루를 돌아 홈에 들어오면 바둑돌을 하나씩 얻을 수 있는데, 정해진 시간 동안 가장 많이 얻은 사람이 승리한다.

③ 세모 딱지 접기 및 딱지치기

다음 그림은 세모 딱지를 접기 방법으로, '놀이연구회 협동조합 다놀'[100]에서 가져온 것이다.

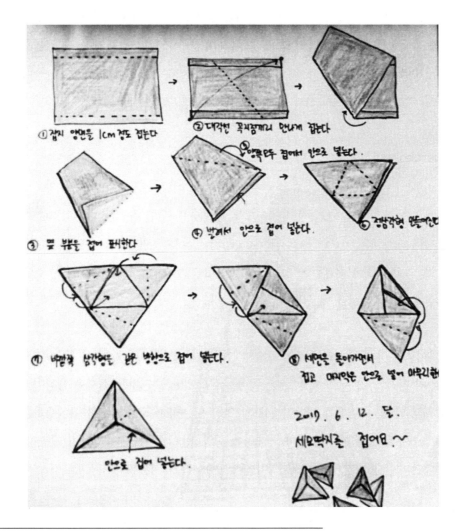

---

100) 놀이연구회 협동조합 다놀. 2020. 『세모딱지』. 출처: https://nori-hansalim.tistory.com/129

※ 친구와 함께 하기 좋은 협력 게임 추천[101]

남녀노소 누구나 게임을 즐기는 시대가 되었지만, 아직 PC 게임에 장벽을 느끼는 사람들이 많이 있다. 기존에 PC 게임을 잘 하지 않던 사람들은 친구들과 함께 게임을 하려 해도 쉽사리 도전하기 어렵다. PC방에서 흔히들 하는 '배틀그라운드', '오버워치', '리그오브레전드' 등의 전략 게임은 전투 시스템에 대한 이해와 컨트롤 숙련이 필요해서 온라인 게임에 낯선 사람이 즐기기에는 부담이 있을 수 있다.

이번 글은 이런 사람들을 위해 준비했다. PC 게임을 친구들과 즐겁게 해보고 싶었던 사람, 혼자 전장에 뛰어드는 온라인 FPS가 아니라 누군가와 함께 웃고 떠들 수 있는 게임에 목말랐던 사람, 겜알못(게임을 잘 알지 못하는) 친구들을 모아 놀고 싶은 사람. 누구나 쉽고 편하게 시작할 수 있으면서도 플레이 내용이 풍부한 게임들을 지금부터 소개하려 한다.

◆ Overcooked!

최대 4명이서 함께 할 수 있는 요리 시뮬레이션 게임이다. 플레이어는 양파 왕국의 평화를 위협하는 악당을 맞서 요리 실력을 올리는 요리사가 된다. 요리는 단순히 재료를 썰고 접시에 담아 내보내는 것부터 해서 튀기기, 섞기, 끓이기, 찌기, 굽기 등 다양한 과정이 있다. 게임의 매 스테이지에는 달성해야 하는 목표 점수가 있고, 점수는 제한 시간 내에 손님들에게 정확한 음식을 내보내면 얻을 수 있다.

플레이어들은 함께 공동의 목표를 위해 자연스럽게 분업을 하게 된다. "A는 채소를 썰어서 B한테 던지고, B는 그걸 굽고 C는 밥을 짓고 있자."하고 계획적으로 움직이려 하지만 계획대로 안 된다는 것이 재미있는 포인트다. 단순히 조작을 실수하거나 주문을 헷갈리는 등의 경우로 실패하는 게 아니라 게임에 다양한 방해 요소가 등장하기 때문이다. 재료를 썰어야 하는 도마가 공중으로 붕 떠올라 반대쪽으로 이동한다거나 맵의 가운데가 지

---

101) 이채원. 2021. 「친구와 함께하기 좋은 협력 게임」. 출처: https://www.artinsight.co.kr/news/view. php?no=57055

진이 난 것처럼 갈라져 플레이어가 이동할 수 없는 경우. 바닥이 얼음으로 변해 미끌미끌 이동하다 바다 속으로 떨어지고, 요리 장소가 화산 근처라 자꾸 바닥에 불이 붙는 등 천재 지변이 계속되지만 꿋꿋이 요리해나가야 한다.

이처럼 Overcooked!는 지루한 면이 없고 박장대소가 터져 나올 수 있으면서도 조작 자체 는 어렵지 않다는 게 가장 큰 장점이다. 키보드 키 오로지 3개와 마우스만을 사용하기 때 문에 초반에 몇 스테이지만 해도 바로 익숙해진다. 또한 각자의 PC로 플레이할 수도 있지 만, 다 함께 모여 한 PC를 이용해 여럿이서 게임을 할 수도 있다. DLC(다양한 추가 콘텐츠를 즐길 수 있는 팩)의 종류와 컨셉도 여러 개라 한 번 구매해두면 오래 즐길 수 있다.

◆ Don't Starve Together

몬스터가 도사리는 허허벌판에서 살아남는 생존 어드벤처 게임. 최대 6명이 즐길 수 있 는 이 게임은 일종의 무인도 살아남기와 비슷하다. 캐릭터를 선택하고 게임을 시작하면 플레이어에게 주어진 초기 아이템은 아무것도 없다. 주위에 떨어져 있는 나뭇가지, 돌을 주워 도구를 만들고, 길가에 핀 라즈베리를 따서 굶주림을 채워야 한다. 그렇게 하나하나 아이템을 제작하다 보면 점차 과학의 발전을 이룰 수 있고, 원시 시대의 삶에서 근대 문명 까지 이룰 수도 있다.

그 과정에서 플레이어는 죽음의 위협을 수도 없이 받는다. 플레이어는 캐릭터의 체력, 정신력, 허기 이 세 가지를 모두 바닥나지 않게 지켜야 살아남는다. 게임에서는 계절의 변화가 있기 때문에 날이 너무 춥거나 더워 체력이 깎이기도 하고, 몬스터의 공격에 다쳐 죽을 수 있다. 일을 열심히 하면 허기가 극심해져 배가 고파 체력이 떨어져 죽을 수 있다. 이러나저러나 매 순간이 죽음의 문턱에 다다르게 되는 이 게임은 협동하는 플레이어가 있 을 때 빛을 발한다. 함께 몬스터와 전략적으로 맞서 싸우고 먹을 것과 자원을 나눠 가지며 삶의 안정도를 높인다.

Don't Starve Together는 생존 어드벤처 장르에서 주로 보이는 현실적이고 암울한 분위기를 벗어나, 2등신의 귀여운 캐릭터들이 등장한다는 특징이 있다. 그로테스크한 분위기를 가져가면서도 펜과 색연필로 그린 듯한 평면의 그래픽들이 생존 게임에 대한 심적 장벽을 낮춰준다. 또한 1인칭 시점이 아니라 탑 뷰(게임의 화면을 하늘 위에서 바라보는 것처럼 내려다보는 시야)에 가까운 형태로, 누구나 직관적으로 게임을 이해하고 플레이할 수 있다.

원래 이 게임은 Don't Starve라는 이름으로 혼자 플레이하는 게임이었다. 그런데 함께 도우며 즐기는 멀티 플레이가 나오면 좋겠다는 유저들의 열띤 의견을 반영해 나오게 됐고, 함께 한다는 취지에 걸맞게 게임 플랫폼 Steam에서 구매할 시 1+1으로 살 수 있다. 즉 두 명이 게임을 하고 싶다면 한 명만 구매해도 게임이 2개가 생겨서 하나를 상대방에게 선물해주면 되는 것이다.

◆ It Takes Two

2명이 즐길 수 있는 액션 어드벤처 게임이다. 오직 둘이서만 할 수 있어 다 인원이 함께 할 수 없다는 단점이 있지만, 친구는 물론이고 연인과 가족, 부모님과 함께해도 좋은 게임으로 유명하다. 게임은 한 가정의 갈등으로 시작된다. 어린 딸 로즈와 함께 살던 부부 메이와 코디는 계속되는 싸움과 갈등으로 이혼을 얘기하게 된다. 엄마 아빠가 헤어지는 것을 원치 않던 딸 로즈는 자신도 모르게 마법의 책에 소원을 빌 게 되고, 그로 인해 메이와 코디는 엉겁결에 작은 봉제 인형으로 변한다. 플레이어는 인형으로 변한 메이와 코디가 되어 인간의 모습으로 돌아가려는 여정에 함께 하게 된다.

우리는 It Takes Two라는 하나의 게임 안에서 수많은 장르를 즐길 수 있다. 플레이어는 메이와 코디가 인간이 되기 위한 과정에서 마법의 책, 하킴 박사의 지시에 따라 다양한 미션을 수행한다. 이때 게임들은 액션, 슈팅, 아케이드, 퍼즐, 전략, 어드벤처 등 계속해서 장르의 변화가 나타난다.

심지어 그 모든 과정이 절대 플레이어 한 명이 해낼 수 없게 구성되어 있어 두 사람 모두 정신없이 게임에 빨려 들어가게 만든다. 게임은 계속해서 변주를 주고 있어 적응할 틈을 주지 않고, 각자의 캐릭터는 서로 으르렁거리느라 협력할 의지를 보이지 않는다. 오로지 게임을 플레이하는 2명이 팀워크를 발휘해 헤쳐 나가야 한다.

그러나 스토리에 따른 게임의 방식 변화일 뿐, 조작 자체는 역시나 쉽고 단순하다. 서너 개의 키와 마우스로 모든 것을 해결할 수 있고, 이야기를 중심으로 전개되는 게임이다 보니 중간 중간 감상하는 부분이 많다. It Takes Two는 누구나 공감할 수 있는 '관계'를 주제로 다루고 있어 한 편의 감동 드라마를 본 것 같은 스토리텔링이 특징이다. 인간관계, 갈등을 해결하는 과정에 대한 깊이 있는 생각을 하게 만들면서도 중간 중간 지루하지 않게 다양한 미션을 수행하는 것이 반복되는 형태다.

이 게임은 엔딩을 보고 난 후에도 깊은 여운이 남고, 함께 플레이 한 사람과 더욱 돈독해지는 효과를 볼 수 있다. 내용을 이미 다 알아도 다른 사람들과 또 하고 싶을 만큼 재미있다는 평을 받고 있다. It Takes Two도 Don't Starve Together처럼 한 사람만 구매해도 다른 사람과 함께 플레이할 수 있다.

11 세션

1. 세부목표 : 사회 적응력 증진 4 – 교사와의 결속력

학생들의 입장에서 교사는 자신들에게 학업을 강요하고, 최대한 어렵게 시험을 내서, 성적으로 평가하여 서열화 하는 사람일 뿐일 수 있다. 그런데 모든 분들이 그런 것도 아니고, 어쨌든 교사와의 결속력 역시 학교 적응을 위해서는 매우 중요한 요소이기 때문에, 열한 번째 세션을 시작하면서 다음의 시를 추천하는 바이다.

어릴 때 내 꿈은

도종환

어릴 때 내 꿈은 선생님이 되는 거였어요
나뭇잎 냄새 나는 계집애들과
먹머루빛 눈 가진 초롱초롱한 사내 녀석들에게
시도 가르치고 살아가는 이야기도 들려주며
창 밖의 햇살이 언제나 교실 안에도 가득한
그런 학교의 선생님이 되는 거였어요
플라타너스 아래 앉아 시들지 않는 아이들의 얘기도 들으며
하모니카 소리에 봉숭아꽃 한 잎씩 열리는
그런 시골 학교 선생님이 되는 거였어요

나는 자라서 내 꿈대로 선생님이 되었어요
그러나 하루 종일 아이들에게 침묵과 순종을 강요하는
그런 선생이 되고 싶지는 않았어요
밤 늦게까지 아이들을 묶어놓고 험한 얼굴로 소리치며

재미없는 시험 문제만 풀어주는

선생이 되려던 것은 아니었어요

옳지 않은 줄 알면서도 그럴 듯하게 아이들을 속여넘기는

그런 선생이 되고자 했던 것은 정말 아니었어요

아이들이 저렇게 목숨을 끊으며 거부하는데

때묻지 않은 아이들의 편이 되지 못하고

억압하고 짓누르는 자의 편에 선 선생이 되리라곤 생각지 못했어요

아직도 내 꿈은 아이들의 좋은 선생님이 되는 거예요

물을 건너지 못하는 아이들 징검다리가 되고 싶어요

길을 묻는 아이들 지평이 되고 싶어요

헐벗은 아이들 언 살을 싸안는 옷 한 자락 되고 싶어요

푸른 보리처럼 아이들이 쑥쑥 자라는 동안

가슴에 거름을 얹고 따뜻하게 썩어가는 봄 흙이 되고 싶어요

『사월 바다 / 도종환 지음 / 창비 / 2020』

2. 문학작품

도서 : 고민 해결사 펭귄 선생님 / 강경수 글·그림 / 시공주니어 / 2020

조용한 마을에 고민 해결사 펭귄 선생님이 살고 있다. 고민을 잘 해결해주는 선생님이기 때문에 아침부터 내담자가 몰리는데, 개구리("겨울이 다가오면 나도 모르게 잠이 쏟아져요. 설마 병일까요?"), 악어("제 이빨이 너무 많은 건 아닐까 항상 고민입니다."), 카멜레온("기분에 따라 얼굴색이 바뀌어서 사회생활이 불편해요!"), 원숭이("가끔씩 나무에서 떨어지는 악몽을 꾸곤 해요."), 곰("연어가 이제는 지겨워요. 혹시 저 무슨 문제가 있는 걸까요?")이 찾아와 차례대로 자신의 고민을 털어놓는다.

그런데 펭귄 선생님은 그들의 이야기를 듣기만 한다. 그럼에도 상담을 마친 동물들은

"역시 펭귄 선생님이 최고!"라며 기분 좋게 돌아간다. 그렇다면 펭귄 선생님의 비결은 무엇이었을까? 오후 6시가 되어 귀마개를 빼고 퇴근하는 선생님의 모습을 보면, 아무 말도 하지 않은 채 그저 듣기만(물론 그림책에서는 듣는 시늉이었지만!) 한 것이다. 때로는 경청이야말로 백 마디 조언보다 낫다는 의미를 전해주는 그림책이다.

3. 관련 활동

1) 선생님에게 고민 편지 쓰기

이 활동은 평소 학교생활이나 선생님 및 친구와의 관계에서의 고민을 담아 선생님에게 손 편지를 쓰는 것으로, 다소 진부하지만 이만큼 정성스러운 접근도 없기 때문에 선생님과의 결속력 증진에 도움이 될 것이다.

편지 쓰기를 위해 여러 종류의 편지지를 준비한 뒤 청소년들이 원하는 것을 고르게 하고, 분량 또한 자유롭게 선택하도록 하자. 더불어 이 내용은 굳이 발표를 시키지 말고, 만약 담임 선생님으로부터 답신을 받는다면 그때 이야기를 나누는 것으로 미루자.

12 세션

1. 세부목표 : 사회 적응 능력 확립

다음의 청소년시는 필자가 쓴 것으로, 청소년들이 사회 적응 또한 스스로 잘 해낼 수 있기를 바라는 마음으로 인용을 했다.

중학교 2학년

임성관

나는
외계인도 무서워 한다는
중학교 2학년이 되었다.

그런데
부모님이나 선생님들은
내가 무섭지도 않은지

툭하면
공부하라고
소리를 지른다.

그래서
나는 더욱 강한
중 2가 되기로 했다.

부모님이나
선생님들도
무서워 할 수 있는.

누군가
강요하기 전에
스스로 해낼 수 있는.

『중학교 2학년 / 임성관 지음 / 시간의 물레 / 2018』

2. 문학작품

도서 : 그게 바로 너야! / 곡체 이르텐 지음, 최지영 옮김 / 지구의아침 / 2024

생물들은 적응해 생존하기 위해 끊임없이 자신과 환경을 탐색하면서 강점을 찾아 발전시키게 되는데, 이 그림책은 그런 측면들을 여러 동물들에 빗대어 설명해주고 있다. 즉, 악어처럼 더 강하고, 하마처럼 더 빠르게, 백조처럼 더 오래 견디는 힘을 갖는 것, 혹은 쇠똥구리처럼 몸집이 작은 대신 힘을 키우거나, 두더지처럼 눈이 보이지 않는 대신 냄새를 잘 맡게 되고, 에너지가 없는 대신 나무늘보처럼 더 느리게 살 수 있는 방법을 찾는 등, 삶에 있어서의 유불리는 계속 반복하며 찾아낸 결과라는 것이다.

그런데 이런 과정을 겪는 것은 사람들도 마찬가지이다. 즉, 여러 번의 실패 속에서 드디어 잘하는 것을 찾아낼 수 있게 되는 것이다. 따라서 이미 알고 있는 명제지만 마지막 세션에 다시 한 번 상기시켜주고자 선정한 그림책이다.

3. 관련 활동

1) 신체 본뜨기 : 이게 바로 나야!

이 활동은 신체에 본을 뜬 다음, 11번의 세션에 걸쳐 나눈 이야기들을 통해 정립한 자신을 정리할 수 있도록 돕는데 목표가 있다.

따라서 활동을 위해 참여 청소년 1인 당 전지 2장, 딱풀, 색연필 및 사인펜을 준비하여 나누어 주고, 두 사람 씩 짝을 지어 신체 본뜨기를 진행한 다음, 그 안에 사회 적응을 하며 건강하게 잘 살아가고 있는 본인의 모습을 자유롭게 표현해 보게 하자.

2) 참여 소감 나누기

ADAPTATION

세 번째 적응

성인의
신체 변화 적응을 돕기 위한
독서치료 프로그램

세 번째 적응

성인의
신체 변화 적응을 돕기 위한
독서치료 프로그램

1. 프로그램 목표

인간은 태내에서부터 발달을 시작하는데, 그 끝은 죽음에 이르렀을 때이다. '발달'은 신체나 지능 따위가 성장하여 제 모양을 갖추거나 성숙한다는 의미를 갖고 있는데, 규모나 수준이 점차로 커지거나 나아져 결국 정점에 이르게 되면 이후에는 쇠퇴할 수밖에 없기 때문에, 그 의미도 포함되어 있다. 따라서 내가 어느 단계를 지나고 있든 가장 중요한 것은 적응이다.

그런 맥락에서 봤을 때 성인기 전기는 신체 발달 등 대부분의 발달이 마무리 되고 쇠퇴의 단계에 접어드는 시기이다. 물론 의학 기술의 발전이나 개인적 노력이 더해지면서 그 양상은 과거에 비해 상당히 느려진 것 같지만, 모든 사람이 어차피 죽을 수밖에 없는 시한부

인생을 살고 있다는 것이 명제인 것처럼, 노화도 피할 수 없는 운명임에 분명하다.

그러므로 이 과정을 담담하게 받아들일 필요가 있는데, 간혹 발버둥을 치며 피하려는 사람도 있다. 즉, 부정하고 직면하지 않으려는 사람들이 있다는 것이다. 따라서 그들은 다른 사람들이 늙어 보인다고 할까봐 항상 전전긍긍을 하는 등 심리·정서적인 측면도 부정적일 가능성이 높다. 반면 변화에 발맞춰 부드럽게 대응하는 사람들은 훨씬 편안한 마음을 갖고 있을 것이다.

본 프로그램은 성인들의 신체 변화 적응을 돕는데 목표가 있다. 성인기의 발달은 바위에 낙숫물이 떨어지듯 아주 천천히 일어나지만, 결국 그 물이 구멍을 낸다고 하지 않던가. 따라서 늙어가기 때문에 잘 쓰던 기능이 쇠퇴하여 기능상의 장애를 느끼는 것, 질병의 발병으로 인해 치료를 받고 있는 과정 등을 참여자들이 긍정적으로 받아들이는 것이 쉽지는 않겠지만, 그 또한 순응해야 할 발달의 과정이라는 점을 이해하고 특히 건강관리를 잘 해서 보다 행복한 노년기를 맞이할 수 있기를 바란다.

2. 프로그램 구성

본 프로그램의 참여 대상은 성인기 중기, 즉 나이가 40세 이상으로 중년기에 접어든 성인들 중에서도 여성들이다. 참여 대상을 '여성'으로 한정한 이유는 어느 기관에서든 모집이 쉽기 때문이고, 호르몬의 변동으로 신체 변화 또한 급격해지는 시기이기 때문이다. 집단 독서치료 프로그램에 참여하는 성인 여성들은 자발성이 높아 적극적으로 임할 테니 인원은 최대 15명까지도 가능할 것이다. 또한 세션 당 운영 시간은 운영 기관의 여건에 따라 2시간에서 3시간까지 가능하겠다.

각 세션에 함께 읽고 이야기 나눌 촉매제가 될 문학작품은 그림책으로만 선정했는데, 필요에 따라 시나 영상, 음악을 추가할 수도 있겠다. 다만 분량이 많은 문학작품은 읽어

와야 하는 부담이 있기 때문에, 다른 대상들과 마찬가지로 세션에 늦지 않게 참여만 유도하는 것이 더 좋을 것이다.

이어서 이야기 나누기 외 추가 활동은 글쓰기와 미술, 그리고 신체 활동을 포함시켰다. 특히 신체 활동은 참여자들이 본인의 변화를 직관적으로 인식할 수 있는 계기가 될 것 같아서 선정했으니, 반드시 수행할 수 있도록 공간적 여건을 준비하면 좋겠다. 다음의 〈표〉는 이상의 내용을 종합적으로 구성한 성인의 신체 변화 적응을 돕기 위한 독서치료 프로그램 세부 계획서이다.

<표> 성인의 신체 변화 적응을 돕기 위한 독서치료 프로그램 계획

세션	세부목표	문학작품	관련 활동
1	마음 열기	도서 : 떨어지는 빗방울의 끔찍한 결말	프로그램 소개, 집단 서약서 작성, 변화에 관한 연대기(자기소개)
2	신체 변화 인식 1 – 형태	도서 : 엄마 주름살	사진으로 확인하는 연령대별 신체 변화
3	신체 변화 인식 2 – 기능	도서 : 몸의 기분	몸의 기분을 풀어주는 체조하기
4	신체 변화 인식 3 – 운동 능력	도서 : 가을 운동회	운동 능력 테스트
5	신체 변화 인식 4 – 질병	시 : 백내장	나의 질병 관리 일지 쓰기
6	자아 개념에 대한 재평가	도서 : 차곡차곡	마트료시카 인형 만들기
7	적응을 위한 노력 1 – 생각	도서 : 생각에 생각을 도서 : 생각	생각에 생각을 더하기
8	적응을 위한 노력 2 – 마음가짐	도서 : 따뜻이 흘러간 날들	캘리그라피로 표현한 마음가짐
9	적응을 위한 노력 3 – 운동	도서 : 엄마 리나	운동 계획 수립하기
10	적응을 위한 노력 4 – 식습관	도서 : 고양이 분식점	식단 바꾸기
11	적응을 위한 노력 5 – 노화 수용	도서 : 늙은 배 이야기	늙어가는 배 이야기 쓰기
12	삶의 전환을 위한 선택적 최적화	도서 : 지금, 시간이 떠나요	자기 돌봄과 사회적 지원 체계 마련하기, 참여 소감 나누기 및 종결

1. 세부목표 : 마음 열기

"50대와 70대 사이의 20년간은 인생에서 가장 고달픈 시기이다. 그 연대에서는 많은 요청을 받지만, 그렇다고 그것을 거절할 만큼 충분히 늙은 것도 아니기 때문이다."

이 말은 20세기에 시와 비평 분야에 혁명을 일으킨 영국의 시인이자 극작가였던 'T. S. 엘리엇'이 남긴 것으로, 중년들은 아직 노인이 아니기 때문에 거절할 수 없이 많은 요청을 수락해야 되므로 힘든 시기라는 의미이다. 그래서 그 일들을 해내느라 어느덧 그 나이가 된 것도, 그만큼 늙은 것도 몰랐던 것일까?

다음 그림은 무료 이미지를 제공하는 'Pixabay' 사이트[102]에서 찾은 것으로, 젊음과 늙음이 함께 담긴 모습이 인상적이어서 첫 세션을 시작하며 참여자들에게 보여주면, 많은 역동을 불러일으킬 수 있을 것 같아 선택했다.

신체 변화에 적응하며, 보다 건강하고 행복한 노년기를 맞이하기 위한 준비를 함께 시작해 보자.

---

102) Pixabay. 출처: https://pixabay.com/illustrations/ai-generated-woman-face-young-old-8527384/

2. 문학작품

도서 : 떨어지는 빗방울의 끔찍한 결말 / 아드리앵 파블랑주 지음, 문정인 옮김 / 달그림 / 2024

    나무 꼭대기에서 땅까지, 비 한 방울이 떨어지는데 걸리는 시간은 얼마나 될까? 나무 크기에 따라 다르겠지만, 아무리 큰 나무라 하더라도 짧은 시간일 것이다. 그런데 그 찰나의 순간에도 나무 위에 앉아 있는 소녀가 소리 없이 바구니에 체리를 채우고, 새가 둥지를 완성하기 위한 마지막 나뭇가지를 물고 오는 등, 세상의 많은 것들이 바뀐다는 사실을 알고 있을까?

'끔찍한 결말'이라는 제목이 '비극적으로 끝나는 이야기가 아닐까'라는 부정적 인상을 갖고 그림책을 펼쳐보게 만들지만, 그럼에도 본인도 인식하지 못하는 동안에 어느덧 늙어버렸다고 말하는 중년들에게, 실상은 많은 일들이 있었기 때문에 지금에 이르게 되었다는 점, 그래서 늙음이라는 어쩌면 끔찍한 결말에 이르게 되었다는 점에 대해 통찰시키기 위함이다.

3. 관련 활동

1) 프로그램 소개

2) 집단 서약서 작성

3) 변화에 관한 연대기(자기 소개하기)

'연대기'는 연대의 순서를 좇아 주요한 역사적 사실들을 적은 글을 뜻한다. 따라서 '변화에 관한 연대기'는 기억이 나는 어린 시절부터 현재에 이르기까지 자신에게 큰 변화를 불러일으킨 상황 및 사건을 중심으로 정리한 것이다. '인생 곡선 그리기'와의 차이점은 해당 연도나 나이에 따른 내용을 순서대로 적는다는 점이다. 참여자들에게 제시할 활동지는 〈활동 자료 1〉에 담겨 있다.

변화에 관한 연대기

어린 시절부터 현재에 이르기까지 자신에게 큰 변화를 불러일으킨 상황 및 사건을 중심으로 정리를
해보세요.

시점	상황 및 사건

2 세션

1. 세부목표 : 신체 변화 인식 1 – 형태

여성이 중년기에 들어서면 신체에 급격한 변화가 일어난다. 이는 여성 호르몬이 크게 변동하기 때문이다. 여성은 40대 후반이 되면 여성 호르몬을 만들어내는 난소의 기능이 저하하면서 갱년기를 겪게 된다. 여성 갱년기는 폐경이 되는 과정을 말하는데 우리나라 여성은 평균 49.7세에 폐경이 되는 것으로 알려져 있으며, 이때 에스트로겐이라는 여성 호르몬이 줄면서 체지방이 배와 상체에 몰리게 돼 몸매가 바뀐다. 또한 피부에 필요한 콜라겐의 양도 급격하게 감소해 주름이 많이 생기고, 피부 탄력도 떨어지게 된다.

그래서일까? 나이가 들수록 얼굴에는 발라야 하는 화장품의 수가 늘어난다. 젊을 때보다 두껍게, 색조를 많이 사용해서 기미 등의 잡티를 감추기 위해 노력하고, 둥글넓적해진 배와 엉덩이를 가리기 위해 펑퍼짐한 셔츠를 입고, 자리에 앉을 때는 가방이나 쿠션을 안고 있어야 한다. 다이어트는 내일부터 반드시 한다는 다짐을 매일 하고, 며칠이라도 실천은 하지만 이미 변해버린 신체의 형태가 하루아침에 달라질 수는 없으니 급한 대로 할 수 있는 노력을 다해본다.

두 번째 세션의 세부 목표는 신체의 형태가 변했음을 인식하는 것이다. 거울만 봐도, 현재 입고 있는 옷의 사이즈만 확인해도 알 수 있는 측면인 만큼 참여자들의 짜증을 불러일으킬 수 있지만, 더 이상 다짐에서만 끝나지 않고 본격적인 실천을 위해 반드시 필요한 과정이라는 생각으로 임해보자.

2. 문학작품

도서 : 엄마 주름살 / 장윤경 글·그림 / 푸른숲주니어 / 2014

어느 날 할머니의 얼굴을 들여다본 건이는, 주름살이 움직이는 모습을 발견한다. 그래서 깜짝 놀란 나머지 엄마에게 달려가 할머니의 주름살이 왜 생겼는지 물었는데, 말썽을 많이 피운 자신 때문이라고 대답한다. 엄마의 얘기를 들으며 깜박 잠이 든 건이는 꿈속에서 늘 그랬듯이 말썽을 피우는데, 그러자 엄마 얼굴도 할머니처럼 쭈글쭈글하게 변해버리는 것을 보고 울음을 터트린다.

두 번째 세션을 위해 이 그림책을 선정한 이유는 주름살이 생긴 원인이 드러나기도 했고, 이후 할머니가 되면 더 많은 주름살이 생긴다는 명확히 보여주고 있었기 때문이다.

3. 관련 활동

1) 사진으로 확인하는 연령대별 신체 변화

이 활동을 하기 위해서는 1세션이 끝난 후 참여자들에게 2세션의 준비물에 대한 공지를 해야 한다. 즉, 10대, 20대, 30대, 40대, 50대의 사진을 각각 1장 이상 씩 준비해 오라는 요청을 해야 한다.

만약 참여자들이 사진을 준비해 오면, 사진 속에서 연령대별 신체 변화 양상을 살펴보며 어떤 차이가 있는지, 그에 대한 감정은 어떤지를 중심으로 이야기 나누어 본다.

3 세션

:

1. 세부목표 : 신체 변화 인식 2 - 기능

> 모든 기능은 유지 비용이 든다. 소수의 기능을 가지는 것은 우리가 정말로 신경 쓰는 것에 집
> 중하도록 하고, 그것들이 뛰어나도록 만든다.
>
> – 데이비드 카프

나이가 들수록 신체의 기능도 쇠퇴하는데, 그럼에도 여전히 특정한 측면이 유지 되는 것은 그것이 정말 중요한 측면이기 때문일 것이다. 하지만 지속되기를 원하지만 기능에 장애가 생겨 불행감까지 초래하는 것이 있는데, 그 중 하나가 인간의 기본 욕구라고 하는 '성(性)'에 대한 측면이다. 따라서 쉽게 드러내지는 못하지만 중년 여성들이 많이 갖고 있는 것이 성기능 장애여서, 다음의 내용을 참고하여 실제 프로그램에서 다룰 수 있다면 다루어 보는 것도 좋겠다.

여성 성기능 장애 극복을 위한 자기 치유법[103]

여성 성기능 장애는 여성들에게 흔히 발생하는 건강 문제 중 하나입니다. 이는 여성의 성적 기능에 영향을 주는 여러 가지 이유로 인해 발생할 수 있습니다. 여성 성기능 장애는 신체적, 정신적, 감정적인 요인들에 의해 발생할 수 있으며, 성적 욕구 부족, 오르가즘의 어려움, 성적 흥분 부족 등 다양한 증상을 보일 수 있습니다.

---

103) 경제적자유로. 2024. 『여성 성기능장애 극복을 위한 자기 치유법』. 출처: https://blog.naver.com/mnbuiuoor/223422615497

하지만 다행히도, 여성 성기능 장애는 자기 치유를 통해 극복할 수 있는 문제입니다. 여성들은 다음과 같은 자기 치유법을 통해 성기능을 향상시킬 수 있습니다.

① **신체적 자기 치유** : 신체적인 건강은 성적 기능에 매우 중요한 역할을 합니다. 규칙적인 운동으로 혈액 순환을 촉진하고 근육을 강화시키는 것은 성기능을 향상시키는데 도움이 될 수 있습니다. 또한 건강한 식단을 유지하고 충분한 수면을 취하는 것도 중요합니다.

② **정신적 자기 치유** : 여성 성기능 장애는 정신적인 요인에 의해 발생할 수 있습니다. 스트레스, 불안, 우울 등은 여성의 성적 기능을 저하시킬 수 있는 주요 요인입니다. 정신적인 안녕을 위해 스트레스 관리 기술을 배우고 심리적인 지원을 받는 것이 중요합니다. 또한 성적인 자기 승인과 자신을 받아들이는 것도 성기능을 향상시키는 데 도움이 될 수 있습니다.

③ **감정적 자기 치유** : 여성은 감정적인 안정을 유지하는 것이 성기능을 향상시키는 중요한 요소입니다. 파트너와의 소통, 연애의 재미를 즐길 수 있는 활동, 성적인 욕구를 충족시킬 수 있는 방법을 찾는 것이 중요합니다. 또한 감정적인 연결을 강화시키는 성교육과 함께 감정적인 관계를 발전시키는 것도 도움이 됩니다.

④ **전문적인 도움 찾기** : 여성 성기능 장애가 지속되는 경우, 전문적인 도움을 받는 것이 좋습니다. 의사나 성교육 전문가와 상담하여 문제를 해결할 수 있는 방법을 찾는 것이 중요합니다. 때로는 약물 치료가 필요할 수도 있으며, 전문가의 지도를 받으면 자신의 성기능을 향상시킬 수 있습니다.

여성 성기능 장애는 여성들에게 큰 스트레스를 주는 문제입니다. 하지만 자기 치유를 통해 이 문제를 극복할 수 있습니다. 신체적, 정신적, 감정적인 자기 치유를 통해 여성들은 성기능을 향상시킬 수 있고, 더 건강하고 만족스러운 성생활을 즐길 수 있습니다. 도움을 받을 준비가 되었다면, 전문가의 도움을 찾는 것도 좋은 방법입니다. 여성 성기능 장애에 대한 스트레스와 불안을 해소하고, 성적인 만족을 찾을 수 있는 여정에 동참해보세요.

2. 문학작품

도서 : 몸의 기분 / 마송 지음 / 피포 / 2021

우리 몸에게도 기분이 있어요.

기분이 좋은 때가 있고 때론 나쁜 때도 있지요.

몸의 기분은 대체로 마음의 기분과 함께예요.

매일 아침 오늘의 기분은 어떤지 살펴보아요.

내 몸의 기분 말이에요.

조금 피곤하거나 찌뿌드드하다면 한 번 살살 풀어볼까요?

우리 몸에도 기분이 있어요.

기분이 좋을 때도 있고

때론 나쁜 때도 있지요.

몸의 기분은 대체로

마음의 기분과 함께예요.

우리 몸에도 기분이 있어요.

사람의 몸은 생각이나 감정과 연결되어 있다. 따라서 뭉쳐 있는 마음을 풀면, 부정적인 생각을 바꾸면 몸 또한 유연해질 수 있다. 이 그림책에서는 몸의 기분을 풀 수 있는 동작도 알려주고 있으니, 참여자들과 함께 해봐도 좋겠다.

3. 관련 활동

1) 몸의 기분을 풀어주는 체조하기

이 활동은 비교적 간단한 손을 이용한 것부터, 전신을 움직이는 것까지 몸의 긴장을 이완시키면서 기분까지 좋아지게 만드는 체조를 해보는 것으로, 유튜브에서 검색하면 다양한 종류의 것들이 있으니, 참여 성인들과 공간의 여건을 고려해 선택 후 실시하면 되겠다.

4 세션

1. 세부목표 : 신체 변화 인식 3 – 운동 능력

나이가 들면서 신체 기능도 쇠퇴가 되면 운동 능력 또한 떨어지게 되어 있다. 운동 능력은 특정 동작을 정확하면서도 빠르고 강하게, 오래 능숙하게 할 수 있는 신체적 능력으로, 실상 생활이나 업무 수행에 있어서도 매우 중요한 측면이라고 할 수 있다. 즉, 운동 능력이 부족하거나 점차 감소하면 생활 및 업무 수행에 있어서도 능숙도가 떨어진다는 말이다. 그래서 현대인들은 건강 관리의 측면은 물론이고 운동 능력을 지속하면서 자신의 능력도 유지 혹은 높이기 위한 맥락에서 관리를 열심히 하는 편이다.

그 영향으로 운동을 가르쳐 주는 곳에서는 인바디(inbody) 측정부터 시작하는 운동 능력 검사라는 것을 실시하기도 한다. 운동 능력을 평가하는 지표는 다양하지만 일반적으로 평가하는 체력 항목에는 유연성, 근력, 심폐지구력, 지구력, 순발력, 민첩성 등이 있는데, 이 가운데 유연성 평가를 위해서는 윗몸 앞으로 굽히기를, 근력은 악력 또는 배근력을 측정하고, 나아가 순발력은 제자리 높이뛰기 혹은 멀리뛰기 등을 실시한다고 한다.

신체는 계속 변한다. 따라서 이는 내 의지에 따라 바꿀 수도 있다는 의미이므로, 건강하면서도 활력이 넘치는 신체를 위해 운동을 하는 것의 필요성 및 중요성을 인식하고, 당장 실천할 수 있는 의지를 불러일으키는 세션이 되기를 바란다.

2. 문학작품

도서 : 가을 운동회 / 임광희 글·그림 / 사계절 / 2010

이 그림책에는 참여자들이 어린 시절 초등학생일 때 참여했을 가을 운동회 장면들이 담겨 있다. 따라서 과거 달리기나 턱걸이를 잘했던 과거를 소환하여 현재의 운동 능력에 대한 이야기로 연결을 짓고자 선정한 그림책이다.

3. 관련 활동

1) 운동 능력 테스트

이 활동은 과학적으로 실시되는 '운동 능력 검사'와는 다르다. 왜냐하면 전문 장비나 인력이 없기 때문이다. 그럼에도 유연성 평가를 위한 윗몸 앞으로 굽히기, 순발력 측정을 위한 제자리 높이뛰기 혹은 멀리뛰기 등은 시도해 볼 수 있는 활동이므로, 몇 가지 항목을 정해 테스트를 해보자.

더불어 제기차기나 고리 던지기 등과 같은 놀이 도구와 줄넘기는 구하기가 쉽기 때문에, 준비가 된다면 더불어 활용해도 될 것이다.

5 세션

1. 세부목표 : 신체 변화 인식 4 – 질병

중년 건강을 위한 주요 키워드[104]

① 예방 의학(Preventive Medicine)

중년에는 질병을 미리 예방하는 것이 매우 중요하다. 예방 의학이란 지금까지 살아온 생활 습관 중 건강을 해치는 것을 건강하게 바꾸는 것이다. 또한 중년기에는 신체 변화와 함께 면역력이 약해지는 경향이 있다. 따라서 감염병에 취약하고 쉽게 전염이 될 수 있다. 이에 예방 접종을 통해 건강을 유지하고 질병을 예방하는 것이 중요하다.

② 건강한 식습관(Healthy Diet)

적절한 영양소 섭취와 균형 잡힌 식사는 중년기 건강에 매우 중요하다. 특히 황산화제가 풍부한 과일과 채소는 물론이고, 식이섬유, 단백질, 식물성 지방 등을 포함한 다양한 식품을 섭취하는 것이 좋다.

③ 규칙적인 운동(Regular Exercise)

신체 활동은 중년기 건강을 유지하는데 필수적이다. 따라서 유산소 운동이나 근력 운동을 조화롭게 실시하여 심혈관 건강을 증진시키고 근육량을 유지하는 것이 중요하다.

④ 스트레스 관리(Stress Management)

스트레스는 중년기 건간을 해치는 요인 중 하나이다. 따라서 명상, 요가, 호흡 등을 통해 스트레스를 관리하고 정서적 안정을 유지하는 것이 중요하다.

---

104) 스마트라이프해커. 2024. 『중년 건강을 위한 핵심 키워드 5가지』. 출처: https://mongkl.com/27

⑤ 정기적인 건강 검진(Regular Health Check-ups)

중년기에는 만성질환의 위험이 높아지기 때문에 정기적인 건강 검진이 필요하다. 따라서 혈압, 혈당, 콜레스테롤 등의 지표를 정기적으로 확인하여 건강 상태를 유지할 필요가 있다.

2. 문학작품

시 : 백내장 – 시집 『백일의 약속』 중에서 / 유애선 지음 / 시산맥사 / 2019

자꾸만 침침해지는 눈의 상태를 담은 시로, 전문은 다음과 같다.

백내장

유애선

옛날에 너는 참 맑았다

검은 눈동자를 가만히 들여다보면
모래알까지 환히 보였다
몸속으론 송사리와 가재들이 헤엄쳐 다녔고
찰랑거리는 물살 위에
물잠자리가 꽃핀처럼 앉아 있다 갔다
사철 들판을 적시며 참새처럼 조잘거리던
여뀌바늘 숫잔대 부들
흐르는 것밖엔 몰라서
사람들이 고기를 잡으며 찰방거려도
둥글게 웃기만 했다

설악면 산골에서 한강으로 흘러오는 동안
너는 왜 이렇게 흐려졌나
생활하수가 새는 몸엔

검은 구름만 발을 담그다 갈 뿐

잠자리 꽃핀을 꽂고 활짝 웃던 풀꽃들과

물고기는 보이지 않는다

꽃다발처럼 모여 발을 담그고

첨벙거리던 사람들은 다 어디로 간 걸까

자꾸만 눈이 침침해진다

『백일의 약속 / 유애선 시집 / 시산맥사 / 2019』

3. 관련 활동

1) 나의 질병 관리 일지 쓰기

중년기에는 많은 질병이 발병한다. 따라서 이 활동은 이미 앓고 있는 질병, 걸릴 위험에 노출되어 있는 질병 등을 바탕으로, 각 참여자가 향후 어떤 관리를 해야 하는가에 대해 정리하는 것이다. 이미 특정 질병으로 치료를 받고 있는 중이라면 그에 따른 관리를 하고 있겠지만, 이번 기회를 통해 구체적으로 명시해 놓아 다른 가족들도 알 수 있게 해보는 것은 어떨까. 아마 그러면 질병 관리를 조금 더 열심히 하게 될 것이다. 참여자들에게 제시할 활동지는 〈활동 자료 5〉에 담겨 있다.

나의 질병 관리 일지

현재 앓고 있는 질병, 더불어 아직은 괜찮지만 관리가 필요한 상태에 대해 구체적으로 명시하고, 철저한 관리 일지를 작성해 보세요. 이 작업은 본인의 건강을 위한 것이니, 꼼꼼하게 정리해 보세요.

구분	병명	치료 및 예방 양상	관리 방안
현재 앓고 있는 질병			
곧 앓을 수도 있는 질병			

6 세션

1. 세부목표 : 자아 개념에 대한 재평가

자아 개념은 한 사람의 신체적, 정신적, 사회적 요소로 구성된 통합적 구조이다. 즉 신체적 용모, 성격 특성, 가치관, 태도, 흥미 등에 관한 것, 능력, 직업에 관한 것 등이 모두 포함된다. 따라서 한 순간에 정립되는 것이 아니고, 수많은 어제가 융합된 결과인 셈이다. 그러니 오늘이 또 어제가 되는 날들이 많아지면, 자연스럽게 달라지기 마련이다.

이번 세션에는 천양희 시인의 「어제」라는 시를 먼저 읽어보고 시작하는 것은 어떨까?

어제

천양희

내가 좋아하는 여울을
나보다 더 좋아하는 왜가리에게 넘겨주고
내가 좋아하는 바람을
나보다 더 좋아하는 바람새에게 넘겨주고
나는 무엇인가
놓고 온 것이 있는 것만 같아
자꾸 손바닥을 들여다본다

내가 좋아하는 노을을
나보다 더 좋아하는 구름에게 넘겨주고
내가 좋아하는 들판을

나보다 더 좋아하는 바람에게 넘겨주고

너는 어디엔가

두고 온 것이 있는 것만 같아

자꾸 뒤를 돌아다본다

어디쯤에서 우린 돌아오지 않으려나 보다

『나는 가끔 우두커니가 된다 / 천양희 지음 / 창비 / 2011』

2. 문학작품

도서 : 차곡차곡 / 서선정 지음 / 시공주니어 / 2021

봄부터 겨울까지의 시간이, 그 안에 담긴 일상이 소리 없이 차곡차곡 쌓여, 하루가, 일년이, 한 사람의 일생이 된다는 내용이 담긴 그림책이다. 빈 틈 없이 채워진 그림은 우리가 겪는 일상의 범위일 수도, 생각이나 마음의 크기일 수도 있을 것이다.

여섯 번째 세션의 문학작품으로 이 그림책을 선정한 이유는, 참여자들이 자신에 대한 개념을 재평가하기 위해 그동안 차곡차곡 쌓아온 기억을 떠올려 보기를 바라는 마음 때문이었다. 그 과정에서 혹 그동안 자신에게 너무 냉정했다면 포근히 감싸 안아줄 요소는 없는지 찾을 수 있기를 바란다.

3. 관련 활동

1) 마트료시카 인형 만들기

'마트료시카(Matryoshka)'는 러시아의 전통 인형으로, 인형 안에 작은 인형들이 여러 개 들어가는 형태여서 뚜껑을 열 때마다 모양은 같지만 크기가 작은 것이 계속 나온다. 따라서

이 활동은 어렸을 때(가장 안쪽에 있는 인형)부터 현재(가장 바깥쪽에 있는 인형)에 이르기까지 자신에 대한 개념이 어떻게 바뀌었는지를 표현하는데 적합하다고 판단되어, 사진[105]과 같은 원목 형태의 재료를 구입해 각자 원하는 그림을 그리거나 글자를 쓸 수 있도록 해보자.

---

105) Coupang. 출처: https://www.coupang.com/vp/products/7884759375?itemId=21571142
772&vendorItemId=88622883060&src=1032002&spec=10305199&addtag=400&ctag=78
84759375&lptag=I21571142772&itime=20240505195905&pageType=PRODUCT&pageV
alue=7884759375&wPcid=16933558455672747953155&wRef=shoppinghow.kakao.co
m&wTime=20240505195905&redirect=landing&mcid=ebed6de1290e4406b136206b6963
0101&isAddedCart=

7 세션

1. 세부목표 : 적응을 위한 노력 1 – 생각

화무십일홍(花無十日紅)이라고 했다. 즉, 열흘 붉은 꽃은 없다. 매년 봄이면 화려하게 피어 사람들의 마음을 사로잡는 꽃들을 보라, 얼마 못가 사라져 버리지 않는가. 따라서 사람도 마찬가지이다. 꽃처럼 아름다웠던 시절이 있었으니 시들어 떨어지는 때도 반드시 오는 것이다. 그러니 그런 시절이 있었음에 감사하고, 더불어 이제 나이가 들어 과거와 같은 영광을 누릴 수 있는 능력은 사라지고 없다고 생각을 바꾸어야 한다. 아직도 젊어서 많은 것을 해낼 수 있을 거라는 믿음과 시도는, 오히려 자신을 더 병들게 할 수 있다. 이제 더 이상 화려한 자태와 강렬한 향기로 누군가를 매혹할 수는 없어도, 수수하면서도 은은한 꽃으로 피어 있는 것은 어떨까.

2. 문학작품
① 도서 : 생각에 생각을 / 정진호 글·그림 / 스콜라 / 2024

이 그림책은 작가가 국립중앙박물관 내 사유의 방에 있는 '반가사유상'을 보고 영감을 얻어 구성한 것이라고 한다. 그렇다고 해서 대단히 심오한 내용이 담긴 것은 아니고, 점심은 뭘 먹고 양치질은 했던가와 같이 일상생활에서 자연스럽게 하고 있는 생각들이 담겨 있다.

따라서 생각을 한다는 것 자체가 중요하고, 그것을 조금 더 발전시키면 사유가 된다는 점을 깨우쳐 주려는 시도라고 해석되었다. 이에 본 프로그램에 참여한 성인들에게도 생각을 어떻게 할 것인가에 대한 물음을 던지고자 선정한 그림책이다.

② 도서 : 생각 / 자연 글·그림 / 옐로스톤 / 2024

'생각'이란 무엇일까? 과연 어떤 '생각'이 인간적인 것일까? 누구나 생각을 하며 살고, 그에 따라 자신의 세상을 만들어 간다. 그러다 보면 어느 순간에는 생각을 하고 싶지 않기도, 생각을 아예 하지 않았으면 좋겠다는 바람이 생길 수도 있다. 하지만 '생각'이야말로 인간을 인간답게 특정 짓는 것이다.

7세션을 위한 두 번째 문학작품으로 이 그림책을 선정한 이유는, 시간의 흐름에 따라 달라지는 참여자 본인에 대한 생각을 하는 것이 곧 적응을 위한 노력의 일환이라는 점을 알려주고 싶었기 때문이다.

3. 관련 활동

1) 생각에 생각을 더하기

이 활동은 자꾸만 변해가는 자신의 신체를 볼 때마다 떠오르는 생각들을, 보다 발전적인 방향을 설정하고 실천할 수 있는 세부 방안 마련을 해보기 위한 것이다. 따라서 브레인스토밍(brainstorming)을 통해 떠오른 생각들을 적은 뒤, 그것들을 서로 융합하면서 여러 결과들을 찾아볼 수 있으면 된다.

8 세션

1. 세부목표 : 적응을 위한 노력 2 - 마음가짐

마음의 준비만이라도 되어 있으면, 모든 준비가 완료된 것이다.
- 셰익스피어

2. 문학작품

도서 : 따뜻이 흘러간 날들 / 김지원 글·그림 / 팜파스 / 2024

최선을 다했다고 해서 항상 만족스러운 결과를 얻는 것은 아니다. 그래서 도전에 대한 두려움을 무릅쓰고 다시 시도해보지만, 넘어짐만 반복될 때가 있다. 그럴 때면 실패했다는 생각에 사로잡혀 다시 나아갈 수 있는 힘을 아예 잃어버릴 수 있는데, 이 그림책에서는 그때만 볼 수 있는 것들이 있다고 이야기 해준다.

이 그림책에는 작가의 자수 작품이 그림 대신 깔려 있다. 자수는 옷감이나 헝겊에 여러 가지 색실로 무늬를 수놓아 나타내는 과정으로, 꽤 오랜 시간 동안 집중을 해야 한다. 따라서 집중을 하다보면 잡념이 사라지고 마음도 평안해진다고 하는데, 그렇게 완성된 작품이 독자들에게도 비슷한 감정을 불러일으킬 것 같다는 생각에 선정한 그림책이다.

3. 관련 활동

1) 캘리그라피로 표현한 마음가짐

캘리그라피(calligraphy)는 손 글씨를 이용하여 구현하는 시각 예술 분야로, 자신의 감정을 글씨로 표현한다. 활동을 위해 붓펜과 A4보다는 조금 더 두꺼운 종이를 준비하여 참여자들에게 나누어 주고, 예시 작품들을 보여준 뒤 각자가 원하는 문구를 찾아 정성스럽게 써 보게 하자. 완성이 되면 작업에 임할 때, 그리고 완성된 작품을 볼 때의 기분이 어떤지에 대해 이야기를 나누고, 집으로 가져갈 수 있게 하면서 마음가짐이 흔들릴 때마다 꺼내어 볼 수 있게 하자.

9 세션

1. 세부목표 : 적응을 위한 노력 3 – 운동

노화가 진행된다는 것은 몸의 근육이 감소한다는 뜻이다. 따라서 운동을 지속하여 근력을 키우는 것이 중요하다. 다음의 글은 중년 여성이 근력 운동을 했을 때 얻을 수 있는 효과로, 이 내용들[106]을 한 마디로 요약하면 결국 중년기는 물론이고 노년기에도 성공적으로 적응할 수 있게 도와줄 것이다.

① **근육 강화** : 근력 운동은 근육을 강화하여 일상적인 활동 수행 능력을 향상 시킵니다. 근육은 일상생활에서 필요한 동작들을 수월하게 할 수 있도록 도와줍니다.

② **골밀도 증가** : 근력 운동은 뼈를 강화하고 골밀도를 높일 수 있습니다. 특히 여성은 노화로 인해 골밀도 감소와 골다공증의 위험이 증가하므로, 근력 운동은 이를 예방하는데 도움이 됩니다.

③ **신체 조성 개선** : 근력 운동은 체지방을 감소하고 근육을 늘리는데 도움을 주어 신체 조성을 개선할 수 있습니다. 이는 대사 활동을 증가시키고 체중 관리에 도움이 될 수 있습니다.

④ **혈당 조절** : 근력 운동은 혈당 조절에도 도움을 줄 수 있습니다. 근육이 활성화되면 혈당을 효과적으로 대사하고 조절하는데 도움이 되므로, 당뇨병 예방 및 관리에 기여할 수 있습니다.

---

106) Queuing. 2023. 『중년 여성과 근력 운동』. 출처: https://blog.naver.com/brudong/223277146092

⑤ **노화의 지연** : 근력 운동은 노화 과정을 지연시키는데 도움을 줄 수 있습니다. 근육 강화는 신체 기능을 유지하고 낙상 및 부상의 위험을 감소시킴으로써, 노화에 따른 감소된 기능을 일부 보호할 수 있습니다.

⑥ **자세와 균형 향상** : 근력 운동은 자세와 균형을 향상시켜 낙상 예방에 도움을 줄 수 있습니다. 이는 중년 이후 노인기에 더 중요한 요소가 됩니다.

⑦ **정신 건강 개선** : 근력 운동은 에너지 수준을 높이고 스트레스를 감소시키며 우울감을 완화하는 데도 도움을 줄 수 있습니다.

2. 문학작품

도서 : 엄마 리나 / 미루 지음 / 한림출판사 / 2024

유나를 축구 교실에 데려다준 엄마는, 집이 아닌 발레 학원으로 가서 수업에 참여한다. 그런데 그 모습은 나무늘보, 악어, 문어 같다가 뛰기 시작하니까 고릴라와 비슷했다. 유나는 그렇게 끙끙거리면서까지 엄마가 왜 발레를 배우는지 알 수는 없었지만, 열심히 하는 모습이 훌륭해 닮고 싶다는 생각을 하게 된다.

아홉 번째 세션을 위해 이 그림책을 선정한 이유는, 등장인물인 엄마와 딸이 각각 발레와 축구를 하는 요소 때문이다. 비록 그림으로 표현된 엄마는 퉁퉁한 편이어서 발레 수업을 따라가는 것이 힘들지만, 열심히 노력하면 분명 어려웠던 동작도 잘 해낼 것이다. 따라서 아직 운동을 시작하지 못한 참여자들에게 엄마 리나는 동기 부여를 확실히 해줄 것이다.

3. 관련 활동

1) 운동 계획 수립하기

이 활동은 참여자가 꾸준히, 그리고 성실히 실천할 수 있는 운동 계획을 수립해 보는 것으로, 처음에는 최소 일주일 분량으로 시작하는 것이 좋겠다. 이후 실천을 해보고 수정보완을 거친 뒤 최종 계획을 확립할 수 있도록 독려하자. 만약 누군가의 도움이 필요하면 가까운 헬스 클럽에 나가거나 특정 운동을 시작하는 것도 좋으니, 그쪽 방향을 권장해 보자. 참여자들에게 제공할 활동지는 〈활동 자료 9〉에 담겨 있다.

●

운동 계획 수립하기

실천할 수 있는 범위 내에서 일주일 동안의 운동 계획을 수립해 보세요. 이후 실천을 하면서 결과를 점검하고 수정 보완 작업을 통해 최종 계획을 확립하기 바랍니다.

요일	운동 종류	운동 시간	결과 및 수정 보완
월요일			
화요일			
수요일			
목요일			
금요일			
토요일			
일요일			

10 세션

1. 세부목표 : 적응을 위한 노력 4 – 식습관

'의식주'는 사람이 생명을 유지하며 살아가는데 필요한 가장 기본적인 요소로, 그 가운데 '식(食)'은 먹는 것이기 때문에 몸에 에너지를 공급하는 과정이라고 할 수 있다. 따라서 필수불가결한 행위인데, 문제는 올바르지 않은 식습관으로 건강마저 해치는 사람들이 점차 많아지고 있다는 점이다. 그도 그럴 것이, 워낙 음식의 종류가 다양하고 심지어 맛있으며 게다가 쉽게 먹을 수도 있는 구조이다. 따라서 맛있는 음식을 참기는 거의 불가능한 상태이기 때문에, 대단한 자제력이 아닌 이상은 이미 형성된 부정적인 식습관을 바꾸기 어려울 것이다.

그럼에도 이번 세션의 세부 목표는 보다 건강한 삶에의 적응을 위해 식습관을 바꾸기 위한 방안을 마련해서 실천의 계기를 만들어 보는 것이다. 습관은 오랜 기간에 걸쳐 형성된 것이기 때문에, 식습관도 하루아침에 바꾸기는 힘들 것이다. 하지만 담배나 술을 끊을 수 있는 정도의 의지라면 충분히 바꿀 수 있을 것이다. 부디 독서치료 프로그램에 참여한 성인들이 식습관을 바꾸어 건강한 삶을 살기를 바란다.

2. 문학작품

도서 : 고양이 분식점 / 이영아 글·그림 / 꿈터어린이 / 2023

이 그림책의 주인공 고양이는, 할머니가 물려준 분식점을 꾸리게 된다. 그런데 차근차근 준비를 하고 물려받은 것이 아니라 갑작스러운 상황이었기에, 음식 솜씨에 대한 자신감도 없는데 어떻게 해야 할지 고민이 많다.

그래서 내린 결정은 손님들의 이야기를 열심히 들어주고, 그들에게 위로를 건네고 싶은 마음을 담아 음식을 대접하는 것이다. 그러자 손님들은 음식이 지금까지 먹어본 것 중에서 가장 맛있다는 칭찬을 건네고, 그제야 고양이는 정말 중요한 것은 상대방을 생각하는 마음이라는 것을 깨닫는다.

이 그림책에는 라면이나 김밥 등 참여자들이 좋아할만한 음식이 등장한다. 따라서 배고픔, 특히 라면 등을 먹고 싶다는 마음을 유발시키는 등, 식습관을 개선시키는 것이 아니라 불필요한 자극을 줄 수도 있다. 그럼에도 10세션의 문학작품으로 이 그림책을 선정한 이유는 바로 그런 마음부터 다잡는 것이 식습관 개선의 시작이기 때문이다. 물론 그런 음식을 아예 먹지 않을 수 없고, 먹지 말라는 것도 아니다. 다만 늦은 밤에 먹지 않기, 먹은 뒤 충분히 운동하기, 점차 줄이거나 아예 끊고 몸에 더 도움이 될 음식 먹기 등의 규칙을 정하고, 실천을 위한 다짐, 나아가 체크리스트를 만들어 일주일 동안의 식생활에 대한 점검도 해볼 수 있겠다.

3. 관련 활동

1) 식단 바꾸기

음식과 기분 연구소 소장 '펠리스 잭키' 박사 연구팀은 심한 우울증을 앓은 환자에게 신선한 야채, 과일, 무염 생견과류, 올리브 오일, 생선 등을 중심으로 하는 식단을 따르게 해서 참가자의 우울지수를 평균 11점 낮췄다. 이후 실험이 끝날 무렵에는 32%의 참가자가 우울증 분류 그룹에서 벗어났다.[107]

---

107) 맥스 루가비어, 폴 그레왈 지음. 신동숙 옮김. 2021. 『천재의 식단 : 죽을 때까지 머리가 좋아지는 한 끼의 기술』. 서울: 앵글북스.

이와 같이 먹는 음식의 종류도 사람의 감정에 영향을 끼치는데, 고혈당 탄수화물, 튀긴 음식, 나쁜 지방(마가린, 쇼트닝), 인공 감미료, 설탕, 알코올, 글루텐, 질산염, 자극적인 음식은 기복이 심하게 만든다. 반면 엽산, 오메가 3 지방산, 비타민 B12, 비타민 A, 비타민 C, 철분, 마그네슘, 아연, 셀레늄, 식이섬유, 발효식품, 미네랄이 들어간 식품들은 안정적 기분 상태를 만들어 준다. 따라서 채소나 과일, 고등어나 꽁치와 같은 등 푸른 생선, 연어 등을 자주 먹어야 한다.

'식단 바꾸기' 활동은 현재 내가 즐겨 먹는 음식들 대신 몸에 좋은 것들을 찾아내고, 즐겨 먹을 수 있도록 메뉴를 구성해 보는 것으로, 운동을 하는 사람들이 먹는 닭가슴살 요리가 다양한 것처럼, 최대한 덜 자극적이면서도 본인이 먹을 수 있는 방안을 찾는 것이 중요하다. 이때 참여자들끼리 서로의 경험을 나누면서 힌트를 얻게 하는 것도 좋은 방법이다.

이 활동을 위해 대형 마트에서 나누어 주는 전단지를 활용하면, 다양한 식재료나 음식을 오려서 붙일 수 있으므로, 직관적 인식 전환을 위해 그 방법을 사용하는 것도 좋을 것이다. 참여자들에게 제공할 활동지는 〈활동 자료 10〉에 담겨 있다.

식단 바꾸기

현재 즐겨 먹는 음식은 왼쪽, 그리고 앞으로 많이 먹어야 하는 음식은 오른쪽에 담아 보세요. 이어서 오른쪽에 담은 음식을 자주, 맛있게 먹기 위한 방안도 찾아보시기 바랍니다.

즐겨 먹던 음식	자주 먹어야 하는 음식
먹지 않을 방안	맛있게 먹을 방안

Session 11

11 세션

1. 세부목표 : 적응을 위한 노력 5 - 노화 수용

다음 그림은 무료 이미지를 제공하는 'Pixabay' 사이트[108]에서 찾은 것으로, 영유아기부터 시작해 청소년기 및 성인기를 거쳐 노인에 이르는 과정을 한 장의 그림으로 보여주고 있다. 본 프로그램의 참여자들은 현재 다섯 번째 혹은 여섯 번째 그림에 해당하는 단계일 테지만, 머지않아 마지막 단계에 다다를 것이다. 따라서 본인은 원하지 않는다고 해도 노화를 수용할 수밖에 없다.

이때 대부분의 사람들은 그 과정을 부정적으로만 생각할 수 있는데, 전 세계에 이름을 남긴 디자이너였던 '코코 샤넬(Coco Chanel)(본명은 가브리엘 보뇌르 샤넬, Gabrielle Bonheur Chanel)'이 남긴 다음과 같은 말이 약간이나마 위로와 희망의 메시지가 되기를 바란다.

---

108) Pixabay. 출처: https://pixabay.com/vectors/adult-age-baby-child-death-human-2028245/

여성의 나이는 중요하지 않다. 20대에는 훌륭하고 40대에는 놀라울 것이며, 남은 생 동안
계속해서 굉장할 수 있기 때문이다.

– 코코 샤넬

2. 문학작품

도서 : 늙은 배 이야기 / 방글 글, 임덕란 그림 / 책고래 / 2016

꽤 오래 전에 출간된 책이고 사람이 아닌 배가 주인공이지만, 사람의 노화 과정을 비유
적으로 담고 있기 때문에 다시 한 번 활용하고자 선정한 그림책이다. 크고 튼튼해서 패기
에 넘치던 젊은 시절부터 바다가 두려워지기 시작한 노년까지, 그리고 삶을 마감하는 마
지막 순간까지 배의 일생이 담겨 있으니, 함께 읽고 이야기를 나눌 수 있는 촉매제로 활용
해 보자.

3. 관련 활동

1) 늙어가는 배 이야기 쓰기

이 활동은 이번 세션을 위해 선정한 문학작품이었던 『늙은 배 이야기』의 제목과 내용을
모방해, 자신을 배에 비유해 글을 써보는 것이다. 세상에 대한 호기심이 많았던 10대, 두
려움 없이 세상을 향해 나아갔던 2-30대, 두려움이 조금씩 커지기 시작한 4-50대의 모습
을, 배의 크기나 형태, 바다의 모습 등으로 표현할 수 있게 제시해 보자.

활동을 위해 '기본 책 만들기'를 먼저 하든가, 아니면 치료사가 미리 만들어 놓은 기본
책에 표현만 할 수 있도록 제공하는 것도 가능하겠다.

12 세션

1. 세부목표 : 삶의 전환을 위한 선택적 최적화

중년기 이후 성인들이 스트레스를 줄이고 행복감을 높이는 비결은 무엇일까? 미국 위스콘신-매디슨대 정신의학과 교수인 찰스 레이슨(Charles Raison) 박사는 "더 많은 돈이나 물질적인 것이 아니라"며 "그것은 긍정적인 행동, 건강, 좋은 관계, 낙관주의"라고 말한다. 이어서 다음의 내용은 관련 전문가들이 공통적으로 제시하는 스트레스를 누그러뜨리는데 좋은 방법들[109]이다.

① **규칙적으로 운동하라** : 운동은 스트레스를 줄이고, 기분을 개선하며 전반적인 건강을 증진시킨다. 또한 숙면에도 도움이 된다.

② **지원 시스템을 구축하라** : 어떤 사람들은 종교 공동체의 일원이 되는 것이 스트레스를 줄이는데 도움이 된다. 다른 사람들에게는 수영 클럽이나 바느질 동호회에 참가하는 것일 수도 있다. 그러나 어디서 만나든 굳건한 친교는 따뜻함, 안정감, 유대감을 느끼는데 도움이 된다.

③ **적극적인 태도를 유지하라** : 희망과 좋은 소식만을 찾아라. 그리고 감사하는 것들로 목록을 만들어보라.

---

109) 코메디닷컴. 2024. 4. 26. 『권순일의 헬스리서치』. 출처: https://v.daum.net/v/20240426090605089

④ **부정적인 생각은 버려라** : 당신이 통제할 수 없는 것들이 있다는 것을 받아들여라. 공격적이기보다는 적극적이어야 한다. 화를 내거나, 방어적이 되거나, 수동적이 되는 대신 자신의 감정이나 의견, 신념을 확고히 하라.

⑤ **긴장을 풀 수 있는 방법을 찾아라** : 명상하는 법을 배워라. 휴식 앱을 사용해보라. 클래식 명곡을 들어보라.

⑥ **새로운 관심사를 개발하라** : 도전의식이 있으면 스트레스를 줄이는데 도움이 될 수 있다. 당신의 꿈에 귀를 기울여라. 열정을 쏟을 수 있는 일을 찾아라. 취미를 찾고 창의력을 발휘하라.

⑦ **충분한 휴식과 수면을 취하라** : 스트레스를 받으면 몸이 회복할 시간이 필요하다. 신체에 휴식을 제공하라.

⑧ **건강하고 균형 잡힌 식사를 하라** : 우리 몸은 스트레스의 영향에 맞서 싸우기 위해 좋은 영양을 필요로 한다. 또한 불안을 가라앉히기 위해 술에 의존해서는 안 된다.

⑨ **자원 봉사를 하라** : 다른 사람을 돕겠다고 결심할 때 당신은 목적을 찾게 된다. 당신은 자신에게서 초점을 떼지만 성취감을 얻게 된다.

이런 방법들과 함께 스트레스를 해소하는데 좋은 음식들도 있다. 스트레스를 받으면 자기도 모르게 음식을 더 많이 먹게 된다. 이유는 뇌의 화학 작용 때문이라는 연구 결과가 있다. 이럴 때 스트레스를 완화하는 데 좋은 음식을 먹으며 건강에 도움이 된다.

① **우유** : 잠자리에 들기 전 따뜻한 우유 한 컵은 불면증과 초조함을 다스리는 치료제가 된다. 우유에는 단백질과 칼슘뿐만 아니라 항산화제와 비타민 B2, B12가 풍부하게 들어 있기 때문이다. 또 락티움 성분이 들어 있어 혈압을 낮춤으로써 마음을 차분

하게 만드는 효능도 있다.

② **오렌지** : 스트레스를 받았을 때 나오는 호르몬인 코르티솔과 혈압을 정상적으로 돌리는 역할을 하는 비타민 C가 풍부하게 들어 있다. 스트레스가 있을 때 신체는 처지는 경향이 있는데, 이때 비타민 C는 면역체계를 강화시켜 원기를 되찾는데 도움을 준다.

③ **좋은 지방이 풍부한 생선** : 연어, 정어리, 참치에 많이 들어 있는 심장 건강에 좋은 오메가-3 지방산은, 아드레날린 수치를 유지시켜 마음을 평온하게 하고 기분을 상쾌하게 만든다.

④ **시금치** : 시금치에 마음을 편안하게 하는 효과가 있다는 것이 연구로 입증됐다. 시금치에는 스트레스 호르몬인 코르티솔을 조절하는 마그네슘이 들어 있다. 코르티솔 수치를 조절함으로써 기분 좋은 느낌을 갖게 한다.

⑤ **고구마** : 탄수화물이나 당분이 잔뜩 든 간식을 먹고 싶은 욕망을 잠재울 수 있는 좋은 식품이다. 고구마는 체내에서 서서히 처리되는 영양소를 풍부하게 제공한다. 연구에 따르면 고구마에는 식이섬유소를 비롯해 베타카로틴과 비타민이 많이 들어 있어, 오랫동안 포만감을 느끼게 하고 스트레스를 감소시키는 효능이 있는 것으로 나타났다.

⑥ **당근** : 칼로리는 낮고 스트레스를 물리치는 영양소를 많이 함유하고 있어 완벽한 스낵으로 꼽힌다. 셀러리도 같은 효능을 지니고 있다.

⑦ **블루베리** : 항산화제와 비타민 C가 듬뿍 들어 있다. 블루베리는 세포를 회복시키고 보호하는 완전한 식품이다. 여기에 식이섬유소가 풍부한 반면 칼로리는 낮아 살찔까봐 걱정을 안 해도 된다.

2. 문학작품

도서 : 지금, 시간이 떠나요 / 베티나 오브레히트 글, 율리 푈크 그림, 이보현 옮김 / 다산기획 / 2022

모든 사람의 발달 시간은 서로 다르게 흘러가지만, 하루 24시간은 똑같이 주어진다. 그런데 그 시간에 대한 관심도나, 그 시간을 사용하는 모습은 저마다 다르다.

라라의 가족들은 시간에게 관심이 없는 것 같다. 할아버지는 숫자 퍼즐을 억지로 풀면서 재미없는 시간을 보내고, 엄마 아빠는 텔레비전으로 테니스 경기를 보면서 그냥 시간을 때우고 있으며, 언니 오빠는 게임을 하며 지겨운 듯 시간을 죽이고 있다. 결국 시간은 이런 상황을 지켜보는 것이 힘들어 집을 떠나고 만다. 하지만 그 과정에서 너무도 바쁘고, 시간에 대해 부정적으로 생각하는 사람들을 만나면서 실망은 더 커지기만 한다.

마음의 상처를 입고 떠나버린 시간을 찾아 나서는 라라, 결국 한적하고 평화로운 공원에서 시간을 찾아내지만, 그곳에서도 시간과 라라는 조금의 여유도 없이 살아가는 사람들을 보며 실망을 하게 된다.

지금 이 책을 읽는 동안에도, 프로그램을 운영하는 중에도 시간은 떠나고 있다. 물론 어떤 순간에는 쉬기도 놀기도 해야 하지만, 하고 싶어도 할 수 없는 것들이 많아지는 시간이 다가오고 있으므로 삶의 전환을 위한 최적화를 선택해야 할 때이다.

3. 관련 활동

1) 자기 돌봄과 사회적 지원 체계 마련하기

삶의 전환은 인생에서 중요한 사건이나 변화를 의미한다. 따라서 내부적인 조절을 통한 적응력을 바탕으로 변화에 적극적으로 대처할 필요가 있다. 이 활동은 스트레스와 감정의 조절을 통해 심리적 안정을 유지할 수 있는 자기 돌봄의 방안과, 가족, 친구, 동료 등 심리적 적응을 돕는데 중요한 역할을 해줄 지원 체계를 스스로 마련해 보는 것이다. 참여자들에게 제시할 활동지는 〈활동 자료 12〉에 담겨 있다.

2) 참여 소감 나누기

●

자기 돌봄과 사회적 지원 체계 마련하기

삶의 전환을 안정적으로 수용 및 유지할 수 있는 자기 돌봄과 사회적 지원 체계를 마련해 보세요.
어떤 방안이든 관계가 없으며, 당장 실천할 수 있는 것부터 시간을 두고 준비해야 할 것들까지 적
어보세요.

자기 돌봄 방안	사회적 지원 체계 마련 방안

노인의
미디어 적응을 돕기 위한
독서치료 프로그램

네 번째 적응

노인의
미디어 적응을 돕기 위한
독서치료 프로그램

1. 프로그램 목표

'디지털(digital)'이 보편화 되면서, 이를 제대로 활용할 수 있거나 그렇지 않은 계층 간의 격차가 점차 커지고 있다. 이를 '디지털 디바이드(Digital Divide)', 혹은 '디지털 격차'라고 하는데, 노인 대부분은 디지털을 제대로 활용할 수 없는 사람들이다. 그나마 스마트폰은 이미 삶의 일부가 되었기 때문에 어느 정도 활용할 수 있다고 하지만, 그 양상도 전화 및 문자를 주고받거나 유튜브 영상을 보는 정도에 그치는 경우가 많다. 따라서 SNS를 통한 정보 교환과 습득, 온라인 쇼핑 등을 원하는 만큼 실행할 수 있는 노인은 거의 없을 것이다.

따라서 노인들은 적응을 통한 생존에도 불리하다. 즉, 현 시대를 지배하는 기술을 잘 이용할 수 있는 사람들이 다양한 지식을 빠르게 쌓을 수 있고, 그 정보력을 바탕으로 많은 기회도 가질 수 있으며, 그것들이 소득으로도 이어질 수 있다면, 그야말로 노인들은 유불리를 따질 수 없을 정도의 고통을 겪고 있는 상황일 수 있다.

이에 본 프로그램은 노인의 미디어 적응을 돕는데 목표가 있다. '독서(讀書)'를 '책 읽기'로 순화하여 종이 책을 읽는 행위로만 한정을 짓는다면 노인들에게도 이미 새로울 것이 없겠지만, 제대로 읽고 이해하여 활용할 수 있는 역량을 뜻하는 '문해(literacy)'의 측면에서, 스마트폰을 필두로 사진, SNS(Social Network Service), 키오스크, 컴퓨터, 팟캐스트와 유튜브까지 다룬다면, 많은 노인들이 관심을 갖고 참여할 것이라 예상된다.

다 늙어서 무슨 공부를 하느냐는 노인들이 있다. 하지만 사람은 죽기 전까지 계속 공부를 해야 한다. 생활에 필요한 것들은 적극적으로 찾아다니며 배워야 한다. 만약 이런 실천을 하고 있는 노인이라면 결정성 지능을 유지하며 치매 예방도 하고 있을 것이고, 가족 및 친구들, 나아가 사회 관계도 잘 맺고 있을 것이다.

2. 프로그램 구성

본 프로그램의 참여 대상은 65세 이상의 노인으로, 다소 연령 범위가 넓을 수 있다. 또한 70대 이상의 노인들인 경우에도 젊고 건강하며 미디어를 잘 활용하는 분들이 많을 수 있기 때문에, 상대적으로 활용을 잘 못하는 분들이거나 아니면 아예 75세 이상 혹은 80세 이상의 노인들을 대상으로 프로그램을 운영하는 것도 좋겠다.

이어서 세션 당 운영은 2시간씩으로 구성했는데, 이는 오래 앉아 있는 것을 힘들어 하는 노인들을 위한 배려이다. 더불어 2시간씩 운영을 하더라도 노인들의 체력과 집중력을 고려해 중간에 10분 이상의 휴식 시간을 가질 것을 권하는 바이다.

매 세션별 문학작품은 세부목표 달성에 도움을 줄 그림책에서부터, 분량이 짧은 글, 그리고 실제 노인들이 참여하고 있는 각 미디어를 선정하였다. 따라서 그림책과 글은 치료사가 직접 읽어드리고, 각 미디어는 함께 듣거나 보면서 참여 노인들의 경험과 배경 지식을 불러일으켜 동일시를 높이고자 하였다. 또한 관련 활동은 주로 이야기 나누기 및 체험을 할 수 있도록 준비하였다. 다음의 〈표〉는 이상의 내용을 종합적으로 구성한 노인의 미디어 적응을 돕기 위한 독서치료 프로그램의 세부 계획서이다.

<표> 노인의 미디어 적응을 돕기 위한 독서치료 프로그램 계획

세션	세부목표	문학작품	관련 활동
1	마음 열기	글 : 마음을 흔드는 한 마디	프로그램 소개, 집단 서약서 작성, 미디어 관심도로 자기 소개하기
2	미디어에 대한 이해	도서 : 내가 섬이었을 때	미디어별 장·단점 정리하기
3	미디어 이용 현황 점검	도서 : 스마트폰에 빠질 때 놓치는 것	미디어 이용 현황 점검하기
4	미디어 활용 능력 점검	도서 : 그래도 텔레비전 보러 갈 거야!	미디어 활용 능력 점검하기
5	미디어 역량 강화 1 – 스마트폰 활용	도서 : 오방매 씨의 스마트폰	스마트폰 정보활용능력 측정
6	미디어 역량 강화 2 – 사진 편집	도서 : 할머니 사진첩	사진 편집 기술 배우기
7	미디어 역량 강화 3 – SNS 소통	페이스북 : 빛고을노인건강타운	SNS 설치 및 활용 기술 익히기
8	미디어 역량 강화 4 – 키오스크 이용	영상 : [사회실험] 70대 노인이 키오스크로 주문을 못하고 있다면?	분야별 키오스크 이용 연습하기
9	미디어 역량 강화 5 – 컴퓨터 활용	도서 : 마녀 위니의 새 컴퓨터	컴퓨터 활용 교육
10	미디어 역량 강화 6 – 팟캐스트	팟빵 : 이천 마을라디오	라디오 이야기 녹음하기
11	미디어 역량 강화 7 – 유튜브	유튜브 채널 : 박막례 할머니 Korea_Grandma, 밀라논나	유튜브 채널 개설 및 운영 계획 수립하기
12	적정 사용 계획 세우기	도서 : 텔레비전이 고장 났어요! 도서 : 완벽한 하루	미디어 사용 계획 세우기, 참여 소감 나누기 및 종결

1 세션

1. 세부목표 : 마음 열기

'방송통신위원회'와 '정보통신정책연구원'이 펴낸 『2023 방송매체 이용행태 조사』[110] 결과
에 따르면, '가구 매체 보유율(Households Media Penetration)'에서 '태블릿 PC'는 매년 증가하고,
'TV'나 '디지털 TV', '노트북'은 2020년 이후 꾸준히 유지되고 있으며, '라디오'와 '데스크톱'
은 계속 줄어들고 있는 것으로 나타났다.

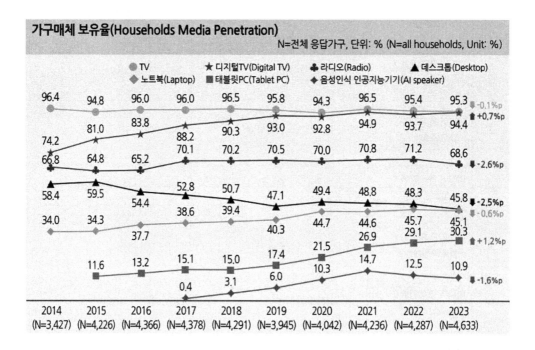

또한 '개인 매체 보유율(Personal Media Penetration)'에서는 '스마트워치'가 매년 3% 이상 씩 계속
상승하고, '스마트폰' 역시 미비하게나마 증가되고 있는 반면, '일반폰'은 하락세가 뚜렷했다.

---

110) 방송통신위원회, 정보통신정책위원회. 2024. 『2023 방송매체 이용행태 조사』. 과천: 방송통신위원회.

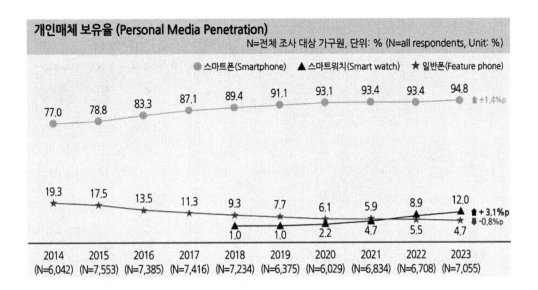

개인매체 보유율 (Personal Media Penetration)
N=전체 조사 대상 가구원, 단위: % (N=all respondents, Unit: %)

● 스마트폰(Smartphone)　▲ 스마트워치(Smart watch)　★ 일반폰(Feature phone)

	2014 (N=6,042)	2015 (N=7,553)	2016 (N=7,385)	2017 (N=7,416)	2018 (N=7,234)	2019 (N=6,375)	2020 (N=6,029)	2021 (N=6,834)	2022 (N=6,708)	2023 (N=7,055)
스마트폰	77.0	78.8	83.3	87.1	89.4	91.1	93.1	93.4	93.4	94.8 (+1.4%p)
일반폰	19.3	17.5	13.5	11.3	9.3	7.7	6.1	5.9	8.9	12.0 (+3.1%p)
스마트워치					1.0	1.0	2.2	4.7	5.5	4.7 (-0.8%p)

　　또한 '해당 매체를 주 5일 이상 이용하는 비율(Media Reach More than Five Days a Week)'에서는 역시 '스마트폰'이 2위 매체보다 무려 20%나 높았고, '신문'이나 '라디오'는 10%에도 미치지 못했는데 특히 '신문'은 1.8%에 불과했다.

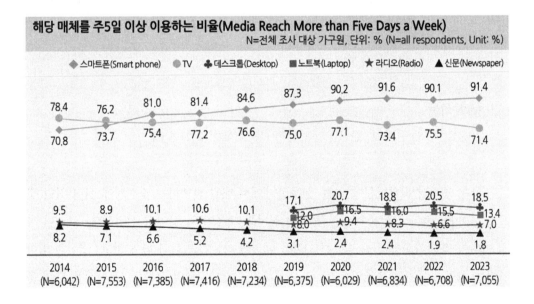

해당 매체를 주5일 이상 이용하는 비율(Media Reach More than Five Days a Week)
N=전체 조사 대상 가구원, 단위: % (N=all respondents, Unit: %)

◆ 스마트폰(Smart phone)　● TV　♣ 데스크톱(Desktop)　■ 노트북(Laptop)　★ 라디오(Radio)　▲ 신문(Newspaper)

	2014 (N=6,042)	2015 (N=7,553)	2016 (N=7,385)	2017 (N=7,416)	2018 (N=7,234)	2019 (N=6,375)	2020 (N=6,029)	2021 (N=6,834)	2022 (N=6,708)	2023 (N=7,055)
스마트폰	78.4	76.2	81.0	81.4	84.6	87.3	90.2	91.6	90.1	91.4
TV	70.8	73.7	75.4	77.2	76.6	75.0	77.1	73.4	75.5	71.4
노트북						17.1	20.7	18.8	20.5	18.5
데스크톱						12.0	16.5	16.0	15.5	13.4
라디오	9.5	8.9	10.1	10.6	10.1	8.0	9.4	8.3	6.6	7.0
신문	8.2	7.1	6.6	5.2	4.2	3.1	2.4	2.4	1.9	1.8

　　따라서 '일상생활에서 필수적인 매체(Indispensability of Media in Every Life)' 역시 압도적으로 스마트폰이 뽑혔다.

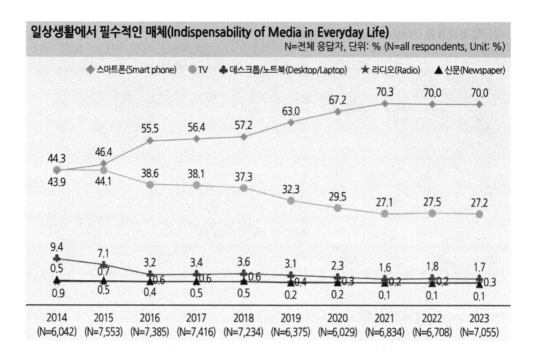

일상생활에서 필수적인 매체(Indispensability of Media in Everyday Life)

N=전체 응답자, 단위: % (N=all respondents, Unit: %)

◆ 스마트폰(Smart phone)　● TV　♣ 데스크톱/노트북(Desktop/Laptop)　★ 라디오(Radio)　▲ 신문(Newspaper)

	2014 (N=6,042)	2015 (N=7,553)	2016 (N=7,385)	2017 (N=7,416)	2018 (N=7,234)	2019 (N=6,375)	2020 (N=6,029)	2021 (N=6,834)	2022 (N=6,708)	2023 (N=7,055)
스마트폰	44.3	46.4	55.5	56.4	57.2	63.0	67.2	70.3	70.0	70.0
TV	43.9	44.1	38.6	38.1	37.3	32.3	29.5	27.1	27.5	27.2
데스크톱/노트북	9.4	7.1	3.2	3.4	3.6	3.1	2.3	1.6	1.8	1.7
라디오	0.5	0.7	0.6	0.6	0.6	0.4	0.3	0.2	0.2	0.3
신문	0.9	0.5	0.4	0.5	0.5	0.2	0.2	0.1	0.1	0.1

이상의 결과를 통해 노인들이 미디어를 사용하는데 있어서의 어려움을 전부 알 수는 없지만, 어느 정도 예상을 할 수 있는 객관적인 지표여서 인용을 해봤다.

2. 문학작품

글 : 마음을 흔드는 한 마디 / 산신님 말씀 / 심우선원 소식지 / 2024년 4월

이 글은 전라남도 해남군에 있는 '심우선원'에서 매월 발행하는 소식지에 실려 있던 것으로, 나이를 불문하고 계속 공부를 해야 한다는 내용이 와 닿아서 선정했다. 그러니 마침 미디어 역량 강화를 위해 필요한 기술을 배워야 하는 노인들과 함께 읽고, 열심히 임하겠다는 자발적 동기를 불러일으키는데 활용하면 되겠다. 글의 전문은 〈문학작품 1〉에 옮겨 놓았다.

3. 관련 활동

1) 프로그램 소개

노인은 독서치료 프로그램에서도 자주, 많이 만날 수 있는 대상이 되었다. 따라서 노인 대상 독서치료 프로그램 계획 및 운영에 관심을 갖고 있는 치료사들도 많은데, 대상에게 적합한 역량을 갖추고 어느 정도나 발휘를 하느냐는 항상 중요하다.

노인들도 아이들과 비슷하게 본인이 참여할 프로그램의 목표 및 세부 내용을 잘 모르는 경우가 많다. 따라서 차근차근, 약간 큰 목소리와 또박또박한 발음으로, 지나치다 싶을 정도로 친절하게 설명을 해드릴 필요가 있다.

2) 집단 서약서 작성

3) 미디어 관심도로 자기 소개하기

이 활동은 참여 노인이 갖고 있는 미디어의 종류와, 그것을 어느 정도 활용하고 있는지 의 정도를 동시에 확인할 수 있도록 구성한 것으로, 구체적인 활동지는 〈활동 자료 1〉에 담겨 있다.

마음을 흔드는 한 마디

산신님 말씀

그대가 가지고 갈 수 있는 게 무엇이오?

그대가 가지고 갈 수 있는 것은 공부밖에 없소.

몸이 있을 때 글을 보고,

몸이 있을 때 마음을 닦고,

몸이 있을 때 정신 공부를 해야 흐트러지지가 않소.

마음도 나이가 들고,

몸도 나이가 들고,

나이가 들지 않는 것은 공부밖에 없소.

나이 들어서 정신이 흐트러지지 않기 위해서는

항상 매 순간 열심히 수행을 해야

정신이 맑고 몸도 맑고 마음도 맑을 수가 있는 것이오.

나이 들어서는 수행하기가 더욱 힘든 것이오.

인간의 몸이 그렇소.

하루라도 젊을 때 열심히 수행 정진 하시어

정신의 공부를 많이 하도록 하십시오.

『심우선원 소식시 / 2024년 4월』

●

미디어 관심도로 자기 소개하기

어르신들은 어떤 미디어에 대한 관심이 가장 큰가요? 관심도가 높은 순서대로 적으면서 점수도 100점 만점으로 매겨주세요.

순위	미디어	점수
1		
2		
3		
4		
5		
6		
7		
8		
9		
10		

※ 미디어 예시 : 신문, 라디오, TV, 사진, 인터넷, 스마트폰, SNS, 팟캐스트, 유튜브 등

1. 세부목표 : 미디어에 대한 이해

'미디어(media)'는 어떤 사실이나 정보를 보내고 받는 역할을 하는 매개체로, 복잡한 사회 속에서 보다 많은 사람들에게 신속하게 전달하려는 의도에서 발전했다. 마샬 맥루한(Marshall McLuhan)은 1964년에 출간한 책『미디어의 이해』에서 미디어가 정보를 전달하는 방식뿐만 아니라 인간의 감각과 인지에 미치는 영향에 초점을 맞춘 이론을 제시했다. 그 일환으로 정보의 내용보다는 정보가 전달되는 방식에 따라 미디어의 영향력이 달라진다고 주장했는데, 전달되는 정보의 양과 집중 정도에 따라 '쿨 미디어(Cool Media)'와 '핫 미디어(Hot Media)'로 구분했다.

이번 세션에는 참여 노인들에게 이와 같은 내용을 정리해 알려드리면서 이해를 구하는 것이 목표이다. 따라서 다소 어렵고 지루한 내용일 수 있기 때문에 구체적인 사례를 들어가며 재미있게 구성할 필요가 있다.

2. 문학작품

도서 : 내가 섬이었을 때 / 조경숙 글·그림 / 월천상회 / 2024

바람이 세차게 불던 날, 난 혼자인 것 같았어요. 그래서 다리를 놓아가기 시작했지요.
그런데 내가 다리를 놓아간다고 해서 저쪽에서도 다리를 놓아 오는 것은 아니었어요.
마주 놓아 간다고 해서 꼭 맞닿는 것도 아니었어요.
한 번에 여러 다리를 놓았더니 튼튼하지 않았어요.

튼튼한 다리를 놓으려니 오래 걸렸어요.

다리를 놓는 것은 너무 어려워요!

어떤 날엔 안개가 너무 짙어 멈추고 기다려야만 했어요.

아무리 애를 써도 돌아오는 것은 너무 느리다는 불평뿐이었어요.

애써 놓은 다리가 마음에 안 든다고도 했어요. 그렇게 섬은 상처 입고 지쳐갔어요.

지친 섬은 혼자 있기로 했어요. 더 이상 다리를 놓지 않기로 했어요.

그러면 싸울 일도, 화낼 일도 없으니까요.

그런데요, 파도는 여전히 나를 흔들고 바람은 자꾸만 괜찮냐고 물어와요.

위 내용은 이 그림책 본문의 일부를 옮긴 것으로, 이 정도 만으로도 섬은 홀로 있는 각각의 사람들이며, 다리를 놓는다는 것은 서로 연결하기 위한 노력이라는 점을 쉽게 파악할 수 있다. 더불어 노력을 한다고 관계가 잘 이어지거나 유지되는 것이 아니기 때문에, 결국 지치면 자신을 지키기 위한 합리화로 혼자 있는 것이 더 나을 수 있다는 선택을 한다는 점도 알 수 있다.

두 번째 세션을 위해 이 그림책을 선정한 이유는, 안 그래도 사회 속의 '섬'처럼 느끼고 있을 노인들이 '디지털 격차'의 측면에서는 더욱 멀리 떨어진 '섬'처럼 느끼면서, 누군가와 혹은 어딘가와 연결이 잘 되면 좋겠다는 바람도 갖고 있다면 쉽게 동일시와 함께 카타르시스를 촉진할 수 있을 것 같았기 때문이다. 그러므로 "만약 섬이 다른 섬과 연결하는 과정이 원활했다면 어땠을 것 같은가요?", "그렇게 되기 위해서 필요한 것은 무엇일까요?"와 같은 발문을 통해 자신의 상황을 대입하여, 적극적으로 나설 수 있는 용기가 필요하다는 답변을 들으면 좋겠다.

3. 관련 활동

1) 미디어별 장·단점 정리하기

이 활동은 두 번째 세션을 통해 알게 된 여러 미디어를 대상으로 장점과 단점을 정리해 보는 것으로, 참여 노인들이 이해를 어느 정도나 하고 있는가를 통해 향후 교육 및 실습에서의 수용 정도를 짐작해 보는데 목적이 있다. 참여 노인들에게 제시할 활동지는 〈활동자료 2〉에 담겨 있다.

미디어별 장·단점 정리하기

우리는 오늘 여러 미디어에 대해 공부했습니다. 그렇다면 그 내용을 떠올려 각 미디어별 장점과
단점을 정리해 봅시다.

미디어 종류	장점	단점

3 세션

1. 세부목표 : 미디어 이용 현황 점검

경기도는 2023년도에 1,000명을 대상으로 진행했던 '인공지능(AI) 노인말벗서비스'를, 2024년 4월 1일부터는 5,000명으로 확대 실시한다고 밝혔다.[111] 인공지능 노인말벗서비스는 노인 돌봄 사각지대 예방을 목적으로, 안부 확인이 필요한 65세 이상 도내 거주 노인들에게 주 1회 정해진 시간에 인공지능이 약 3분 동안 안부를 확인하는 전화를 거는 서비스로, 만약 3회 이상 수신하지 않으면 당일 경기도사회서비스원 직원이 통화를 시도하고, 이 전화마저 안 받으면 읍 · 면 · 동에 확인해 직접 방문이 이뤄진다.

또한 인공지능 전화 시 정서적 · 경제적 어려움을 호소하거나 위기 징후가 감지된 경우 전화상담을 진행하고, 복지 서비스 연계 필요 시 경기도 긴급 복지 핫라인으로 연결돼 관련 전문 상담을 받을 수도 있다. 경기도는 2023년 6월부터 1,061명의 노인을 대상으로 인공지능을 활용한 말벗 서비스를 시작했다. 총 29주 동안 주 1회 전화 안부가 진행됐는데, 그 통화 건수는 2만 3,852건이었다고 한다. 또한 그 가운데 이상 징후는 31건이 발견돼 지역 읍면동이나 경기도 긴급 복지 핫라인 등으로 연계가 됐다고 한다. 다음은 그 구체적인 사례이다.

1) 위기 상황에서 즉각 도움 받은 사례

연천군에 거주하는 인공지능(AI) 노인말벗서비스 이용자 중 한 명인 80대 A씨. 그에게 걸려 온 AI전화에 3차례 응답이 없자 경기도사회서비스원이 대응에 나섰다. 그 결과 서비

---

111) 경기도청. 2024. 「더 고른 기회 : 경기도, AI 노인말벗서비스 확대 시행」. 출처: https://www.gg.go.kr/bbs/boardView.do?bsIdx=464&bldx=115131513&menuId=1534

스원은 A 씨가 얼마 전 자녀상을 겪고, 배우자도 치매 증상이 악화하고 있어 심신이 괴롭다는 말을 들었다. 서비스원은 A씨 배우자를 인근 치매센터, A씨는 정신건강센터에 연계했다. 다행히 A씨는 일상생활을 유지할 정도의 회복세를 보였다.

2) 일상 모니터링을 통해 도움 받은 사례

군포시에서 홀로 거주 중인 70대 B씨. B씨는 AI노인말벗서비스 상담원과 통화 중 평소 식사를 챙기는 것이 어렵다는 어려움을 전했다. 이에 AI는 위기 징후를 감지하고 상담원과 B씨를 직접 통화를 연결한 뒤, 관내 복지관에서 도시락을 배달 받을 수 있도록 연계했다.

초고령화 사회로 진입하면서, 외롭고 힘든 독거(獨居) 중에 고독사(孤獨死) 하는 노인들도 많아지고 있다. 따라서 지방자치단체에서는 그들에 대한 지원 방안을 다각도로 마련 중인데, 인공지능(AI)을 활용해 실시하는 말벗 서비스가 점차 확산되고 있다. 이 서비스는 노인들의 외로움을 달래주는 것은 물론이고, 건강 등 어려움을 확인할 수도 있어 즉각적인 대처를 통해 실질적인 도움을 줄 수 있는 방안으로 각광받고 있다. 따라서 특히 독거 중인 노인이라면 가장 먼저 관심을 갖고 신청을 해야 하는 미디어 서비스여서, 미디어 이용 현황을 점검하면서 더불어 안내하면 좋을 것 같아 소개를 했다.

2. 문학작품
도서 : 스마트폰에 빠질 때 놓치는 것 / 레니아 마조르 글, 플로랑 베귀 그림, 이보미 옮김 /
아름다운사람들 / 2024

이 그림책의 주인공 에밀은 스마트폰에 너무 몰입되어 있는 소년이다. 이에 동생 이네스는 오빠를 구하기 위해 안티스크린 특공대에게 도움을 요청하고, 결국 에밀은 일상생활을 회복하게 된다.

사실 이 그림책은 '스마트폰'에 대한 이야기를 나눌 때 사용해도 되는데, 이용 현황을 점검하다 보면 특정 미디어에 과몰입 중인 노인들이 발견될 것 같아서 세 번째 세션의 문학 작품으로 선정했다. 실제 노인들 중에는 텔레비전, 유튜브, 고스톱 게임에 과몰입 되어 있는 분들이 상당수이다.

3. 관련 활동

1) 미디어 이용 현황 점검하기

각 미디어를 어느 정도나 이용하고 있는지에 대한 부분을 점검하는 활동으로, 대략 하루 및 일주일을 기준으로 가늠해 보면 되겠다. 더불어 각 참여자들 간의 비교에 앞서, 스스로는 어느 정도라고 생각하는지의 여부를 먼저 확인해 보면 좋겠다. 참여 노인들에게 제시할 활동지는 〈활동 자료 3〉에 담겨 있다.

●

미디어 이용 현황 점검하기

각 미디어를 하루 동안에 어느 정도나 이용하세요? 그렇다면 그 시간에 대한 적정성은 어떻게
평가를 하고 있나요? 아래 표에 정리해 보세요.

미디어 종류	이용 정도	적정성 평가

4 세션

1. 세부목표 : 미디어 활용 능력 점검

'망양흥탄(望洋興嘆)'이라는 고사성어가 있다. 그 뜻은 '큰 바다를 내려다보며 능력의 한계를 탄식하다.'로, 큰 목표에 도전했을 때 비로소 자신이 부족하다는 점을 깨닫게 된다는 것이다. 물론 그런 상황에 처하면 탄식이 길어지며 우울에 빠질 수도 있지만, 현실적으로 생각과 태도를 바꾸어 더욱 노력하라는 교훈이 담겨 있다.

모든 측면에서 능력이 충만한 사람이 어디 있겠는가. 또 젊었을 때에는 무엇이든 잘 했고, 잘 할 수 있다는 믿음도 컸기 때문에 기꺼이 도전을 했겠으나, 나이가 들어서까지 그런 기조가 이어지는 사람이 몇 명이나 있겠는가. 그러므로 참여 노인들이 자괴감을 느끼지 않도록 격려하면서 미디어 활용 능력을 점검 해보자.

2. 문학작품

도서 : 그래도 텔레비전 보러 갈 거야! / 양혜원 글, 권영묵 그림 / 밝은미래 / 2019

"넌 우리 집에 오지 마!" 분명 정정당당하게 구슬치기를 해서 딴 것 뿐인데, 민구는 심술이 났는지 창수에게만 텔레비전을 보러 자기 집에 오지 말라며 엄포를 놓는다. 때문에 창수는 박치기 왕 김일 선수의 시합을 못 볼까봐 전전긍긍 하는데, 막상 자신도 보러 가게 해달라고 말하는 것은 자존심이 상했기 때문에 혼자만 남게 된다. 과연 창수는 이 상황을 타개하기 위해 어떤 선택을 하게 될까?

이 그림책은 텔레비전이 귀했던 시절, 동네에서 유일하게 갖고 있던 집에 마을 사람들이 다 모여 함께 보던 때의 풍경을 담고 있다. 네 번째 세션을 위해 이 그림책을 선정한 이유는 참여 노인들에게도 관련 추억이 있을 것이므로, 그 내용으로 이야기를 시작해 현재의 미디어 활용 능력까지 점검해 보기 위해서이다. 텔레비전으로만 한정 짓는다면, 과거에는 코드를 꼽고 채널을 돌리며 보고 싶은 방송을 선택하면 되는 단순한 방식이었다. 하지만 현재는 리모컨으로 케이블과 화면을 각각 켜야 하는 등 조작이 훨씬 복잡해졌기 때문에, 그런 차이가 불러온 어려움을 중심으로 이야기를 풀어가도 되겠다.

3. 관련 활동

1) 미디어 활용 능력 점검하기

각 미디어를 어느 정도나 활용할 수 있는가에 대한 능력을 점검하는 활동으로, 각각의 미디어별로 100점 만점 내에서 자가 평가를 내리게 하자. 이어서 그 점수를 준 이유에 대한 이야기를 나누면서, 특히 어려운 부분은 해결 방안도 알려드리면 좋겠다. 참여 노인들에게 제시할 활동지는 〈활동 자료 4〉에 담겨 있다.

미디어 활용 능력 점검하기

각 미디어를 활용할 수 있는 능력이 어느 정도라고 생각하시나요? 100점 만점으로 평가해 보고,
그 점수를 주신 이유도 생각해 보세요.

미디어 종류	활용 능력 점수	평가 이유

1. 세부목표 : 미디어 역량 강화 1 – 스마트폰 활용

2024년 4월 8일, 문화체육관광부에서는 국민 누구나 가까운 곳에서 편하게 미디어 교육을 받을 수 있게 한다는 '미디어 역량교육 지원 전략'을 발표[112]했다. 이 전략은 앞으로 3년 동안 교육 기반 시설을 늘리고, 교육의 질적 수준을 높이는데 초점을 맞춘다고 하는데 세부 내용은 다음과 같다.

① 언제 어디서나 쉽게, 보편적 교육 인프라를 늘립니다.
  – 국민이 거주지와 가까운 곳에서 편하게 접근 가능한 교육시설과 프로그램을 단계적으로 확충
  – 부처별로 운영 중인 온라인 플랫폼(문체부 '미디어아카데미', 방통위 '미디온', 교육부 '미리내' 등)의 기능 개선

② 생애주기별 맞춤형 교육시스템을 만듭니다.
  – 생애주기별 교육 설계표를 마련하고 유아부터 노인까지 미디어 교육 제공
  – 양육자·교원 미디어 역량을 강화하고 사회·경제적 소외계층을 찾아가는 미디어 교육 확대

③ 미디어교육의 모듈형 설계를 지원합니다.
  – 누구나 미디어를 목적과 필요에 맞게 활용하도록 접근·이용 교육 지원

---

112) 대한민국 정책브리핑. 2024년 4월 8일. 『"국민 누구나 편하게 미디어 교육"… 미디어 역량교육 지원전략 발표』. 출처: https://www.korea.kr/multi/visualNewsView.do?newsId=148927890&pWise=sub&pWiseSub=C1

– 미디어·정보를 비판적으로 이해·분석하기 위한 기본 교육 실시

– 국민 스스로 미디어에 의견을 표현하고 소통할 수 있도록 제작역량 강화 교육

– 미디어 이용에 따른 책임과 권리를 행사하도록 지원

④ 교육 전문성을 강화합니다.

– 미디어 역량지수의 국가승인 통계와 미디어 교육 수업 가이드라인 보급 추진

– 미디어 교육 교수자의 교육·연수 지원 확대와 선발·평가·자격제도 개선 추진

– 미디어 교육 수요자 맞춤 교재와 교과서 개발

⑤ 소통하고 협력하는 네트워크를 만듭니다.

– 부처와 유관기관 협력체를 내실화하고 지역대학·방송사의 공조체계 강화

– 지역기관·기업 협력을 활성화하고, 국제협력을 강화

– 미디어 역량향상 대국민 캠페인과 국민 참여행사 개최

이상의 내용은 전략이기 때문에 생애주기별 내용이 어떻게 구성되어 있는지에 대해서는 확인할 수가 없으나, 분명 노인들을 위한 교육 안에는 스마트폰과 키오스크 활용 등에 관한 내용이 포함되어 있을 것이다. 따라서 조금만 관심을 기울이면 노인복지관 등에서 운영되는 교육에도 참여하여 미디어 역량을 높일 기회를 가질 수 있으니, 참여 노인들에게 적극적으로 안내할 필요가 있다.

2. 문학작품

도서 : 오방매 씨의 스마트폰 / 류호선 글, 이탁근 그림 / 그레이트북스 / 2023

오방매 할머니는 평생 시골에서 밭을 일구며 산 사람이기 때문에 스마트폰을 사용할 일이 없었다. 그런데 서울로 와서 손자 규현이와 함께 지내면서 생전 처음으로 스마트폰을 갖게 된다. 하지만 기능도 제대로 모르고 요금이 많이 나올까봐 제대로 사용하지 못하는데, 손자는 자꾸 스마트폰을 빌려달라고 떼를 쓴다.

다섯 번째 세션을 위해 이 그림책을 선정한 이유는, 주인공 오방매 할머니의 모습이 참여자들과 크게 다르지 않을 것이라 생각했기 때문이다. 따라서 함께 읽고 발문을 통해 이야기를 나누며 자연스럽게 참여자들의 상황과 연결 지으면 되겠다.

3. 관련 활동

1) 스마트폰 정보활용능력 측정

이 활동은 참여 노인들의 스마트폰 정보활용능력을 측정해보기 위한 것으로, 척도는 한국정보화진흥원의 장·노년층 정보격차 실태 조사를 기초로 한 황윤희(2002)[113]의 연구에서 사용한 것을 가져왔다.

각각에 대한 스마트폰 사용 수준은 '정보 활용'과 '생활 편의(인터넷 뱅킹, 인터넷 쇼핑)', '오락 및 여가 활용', '사회 참여 활동', '의사소통 및 교류 활동' 등의 5문항이다. 이어서 스마트폰 사용 도움 정도는 5개 영역(정보 활동용, 생활 및 편의용, 오락 및 여가 활동용, 사회 참여 활동용, 의사소통 및 교제 활동용) 5문항을 사용하여 도움의 정도가 어떠한지를 측정한다. 문항 측정은 각 문항에 대해 '전혀 아니다'(1점)에서 '매우 그렇다'(5점)으로 평정되어 점수가 높을수록 정보활용능력이 높다고 해석하면 된다.

해당 척도는 〈활동 자료 5〉에 정리되어 있다.

---

113) 황윤희. 2002. 『노인의 온라인 정보활용능력이 외로움에 미치는 영향』. 박사학위논문, 신라대학교 일반대학원 사회복지학과.

●

스마트폰 정보활용능력 검사지

다음은 스마트폰 정보활용능력에 대한 질문입니다. 해당되는 곳에 표시를 해주시기 바랍니다.

번호		항목	전혀 그렇지 않다	그렇지 않다	보통 이다	그렇다	매우 그렇다
스마트폰 사용 수준	1	나는 스마트폰을 이용해 다양한 분야의 정보 및 자료의 검색과 습득, 빠른 뉴스 전달, 공유 등을 한다.(정보활용)	①	②	③	④	⑤
	2	나는 스마트폰을 이용해 예약/예매, 쇼핑, 금융 및 폰뱅킹, 공과금 납부, 증명서 발급/열람, 민원 신청, 가계부 작성, 일정 관리, 교통/지도 등 일상생활 관리 등을 한다.(생활 및 편의)	①	②	③	④	⑤
	3	나는 스마트폰을 이용해 여가, 취미 관련 정보 및 소식 보기, 음악, 영화감상, 모임 참여, 사진/비디오 촬영, 오락용 게임 등을 한다.(오락 및 여가)	①	②	③	④	⑤
	4	나는 스마트폰을 이용해 지역 모임, 지역 공동체, 시민단체, 정당 활동 등 사회(정치) 참여를 위한 커뮤니티 활동(동호회, 카페 등), SNS(블로그, 트위터, 페이스북 등), 의견 교환 등을 한다.(사회 참여 활동)	①	②	③	④	⑤
	5	나는 스마트폰을 이용해 이메일, 메신저, 홈페이지 게시판 등 가족, 친지, 친구들과의 의사소통, 대인관계 형성 및 교제(카카오톡) 등을 한다.(의사소통 및 교제 활동)	①	②	③	④	⑤
스마트폰 사용 도움 정도	6	나는 스마트폰을 이용하는 것이 나의 정보 활동에 많은 도움이 된다고 생각한다.	①	②	③	④	⑤
	7	나는 스마트폰을 이용하는 것이 나의 생활 및 편의에 많은 도움이 된다고 생각한다.	①	②	③	④	⑤
	8	나는 스마트폰을 이용하는 것이 나의 오락 및 여가 활동에 많은 도움이 된다고 생각한다.	①	②	③	④	⑤
	9	나는 스마트폰을 이용하는 것이 나의 사회 참여 활동에 많은 도움이 된다고 생각한다.	①	②	③	④	⑤
	10	나는 스마트폰을 이용하는 것이 나의 의사소통 및 교제 활동에 많은 도움이 된다고 생각한다.	①	②	③	④	⑤

6 세션

1. 세부목표 : 미디어 역량 강화 2 – 사진 편집

대부분의 사람들이 성능 좋은 카메라가 탑재된 스마트폰을 사용하면서, 사진을 찍는 일은 일상이 되었다. 따라서 과거에는 사진이 특별한 곳에서의 기억을 남기기 위한 수단이었다면, 이제는 일상을 기록하는 매체로서의 역할을 하고 있다.

상황이 이렇다 보니 사진을 보다 멋있게 편집하는 기술도 발전하게 되었는데, 단순히 색을 보정하는 것을 넘어 특정 피사체를 지울 수 있는 기능까지 활용할 수 있기 때문에, 어떻게 찍었느냐보다 얼마나 편집을 잘 할 수 있느냐가 더 중요할 정도이다.

이에 이번 세션에서는 단순히 사진을 찍는 정도에 머물렀을 노인들에게, 그것들을 자르거나 조합하고 새롭게 구성해서 아예 다른 작품을 만들 수 있는 기술을 알려드림으로써, 사진이라는 미디어에 대한 역량을 강화시키는 것으 목표이다.

2. 문학작품

도서 : 할머니 사진첩 / 김영미 글, 전수정 그림 / 책먹는아이 / 2015

바닷가에 살고 계신 할머니에게는 커다란 사진첩이 있다. 그 안에는 자녀의 결혼식에서부터 손자녀들의 사진이 담겨 있는데, 도시에 살고 있어서 자주 만날 수 없는 아쉬움을 달래주는 물건들이다.

프로그램에 참여 중인 노인들에게도 사진첩이 있을 것이다. 그 안에는 상당히 많은 가족들의 이야기가 담겨 있을 텐데, 요즘에는 인화를 하지 않기 때문에 추가된 것이 없어 일정 시점에서 업데이트가 끊겼을 것이다. 그렇다면 다음 페이지는 자신의 이야기로 채워보는 건 어떨까?

여섯 번째 세션을 위해 이 그림책을 선정한 이유는, 소재가 사진이고 주인공은 할머니였기 때문이다. 참여 노인들이 원하는 대로 사진을 찍고 멋지게 편집도 해서 가족들에게 선보일 수 있는 앨범을 만들 수 있기를 바란다.

3. 관련 활동

1) 사진 편집 기술 배우기

이 활동은 스마트폰으로 찍은 사진을 원하는 형태로 편집하는 기술을 익히는 것으로, 가장 먼저 '앨범' 내에서 실행할 수 있는 간단하면서도 쉬운 것을 알려드릴 필요가 있다. 이어서 '콜라주' 등의 편집은 별도의 기능이기 때문에, 플레이 스토어에서 해당 기능이 탑재된 어플(예를 들면 '콜라주 & 사진 편집 어플 - 사진 편집, 콜라주 만들기')을 다운 받으시게 한 뒤, 실제 편집 작업 이후 저장하기, 나아가 가족 등에게 공유하기까지 실습을 해보면 되겠다.

7 세션

1. 세부목표 : 미디어 역량 강화 3 – SNS 소통

소셜 미디어 입문, 친구 및 가족 연결하기[114]

① Introduction : 디지털 연결 탐구 – 소셜 미디어의 기초

점점 더 디지털화 되는 세상에서 소셜 미디어는 사랑하는 사람들과 연결하는 중추적인 플랫폼으로 두각을 나타내고 있다. 오랜 친구와 다시 연락하고, 가족과 연락을 유지하고, 인생의 순간을 공유하고 싶다면, 이러한 플랫폼을 탐색하는 방법을 이해하는 것이 중요하다.

② 올바른 플랫폼 선택

디지털 상호작용을 향상시키려면 올바른 소셜 미디어 플랫폼을 선택하는 것이 중요하다. 각 플랫폼에는 고유한 초점과 인구통계학적 매력이 있으므로, 목표에 맞는 플랫폼을 선택하는 것이 중요하다. 예를 들어 Facebook은 정기적인 업데이트 및 사진 공유를 통해 가족 및 친구들과 계속 연결되기를 원하는 사람들에게 이상적인 반면, LinkedIn은 전문 네트워킹 및 경력 개발에 가장 적합하다. 시각적인 측면에 초점을 맞춘 Instagram은 사진과 스토리를 통해 순간을 공유하는데 적합하며, 시각적인 측면이 보다 뛰어난 청중의 관심을 끌 수 있다. 한편, 트위터를 통해 사용자는 실시간 토론에 참여하고 인기 있는 주제를 따라갈 수 있다. 뉴스 팔로우, 친구와의 연결, 전문 네트워킹 등 달성하려는 것이 무엇인지 고려하고, 요구사항에 가장 적합한 플랫폼을 선택하라. 이와 같은 신중한 선택을 통한 소셜 미디어 경험은 목표를 충족시켜줄 것이다.

---

114) 황금인생. 2024. 『소셜 미디어 입문, 친구 및 가족과 연결하기』. 출처: https://ngpark2024.tistory.com/113

③ 프로필 설정

소셜 미디어 프로필을 설정하는 것은 온라인에서 다른 사람들과 연결되는데 있어서 중요한 단계이다. 자신의 얼굴이 선명하게 드러나 친근함과 접근성을 전달하는 프로필 사진을 선택하는 것부터 시작하라. 프로필 세부 정보를 신중하게 작성하라. 공개적으로 공유해도 괜찮을 삶의 측면과 관심사를 포함하라. 이는 다른 사람들이 공통점을 찾는데 도움이 되기 때문에 보다 의미 있는 연결을 촉진한다. 개인 정보 보호 설정에 세심한 주의도 기울여라. 정보와 게시물을 볼 수 있는 사람을 제어하려면 조정을 하라. 이를 통해 가시성과 보안 간의 균형이 보장될 것이다. 더불어 삶의 중요한 변화나 관심 분야의 변화가 반영되도록 프로필을 정기적으로 업데이트하여 네트워크에 계속 참여하고, 현재 상태에 대한 정보를 얻으라. 잘 만들어진 프로필은 앞으로 더 많은 상호작용을 유도할 뿐만 아니라, 플랫폼에서의 존재감을 높여 소셜 미디어 경험의 초석이 될 것이다.

④ 친구 및 가족과 연결

소셜 미디어를 통해 친구 및 가족과 소통하면 온라인 경험이 크게 향상될 수 있다. 먼저 휴대폰이나 이메일에서 연락처를 가져와 누가 이미 플랫폼에 있는지 확인하라. 친구 요청을 보내거나 아는 사람을 팔로우하고, 마지막으로 대화한지 시간이 많이 지났다면 주저하지 말고 맞춤 메시지를 보내 연락하라. 또한 많은 플랫폼은 상호 연결 및 관심사를 기반으로 '알 수도 있는 사람'과 같은 기능을 제공하여 네트워크를 확장하는데 도움이 될 수 있다. 따라서 좋아요, 댓글, 공유를 통해 연결의 게시물과 정기적으로 상호작용하면, 더 깊은 관계가 형성되는 등 소셜 클럽에 계속 참여할 수 있을 것이다. 활발한 소셜 미디어 존재의 핵심은 단순히 친구와 가족을 추가하는 것이 아니라, 그들의 디지털 생활에 적극적으로 참여하는 것이다. 이는 결국 그들이 내 생활에도 참여하도록 장려하게 된다.

⑤ 참여와 공유

소셜 미디어에서의 참여와 공유는 온라인 관계를 유지하고 풍요롭게 하는데 필수적이다. 활발한 디지털 존재감을 조성하려면 마음에 와 닿거나 관심을 가질 만한 콘텐츠에 좋아요를 누르고, 댓글을 달며, 공유하여 적극적으로 참여하라. 자신의 업데이트를 게시할 때 청중을 생각하라. 통찰력 있는 기사, 개인적인 일화, 최근 사건 사진 등 가치를 더하는 콘텐츠를 공유하라. 해시태그를 사용하여 게시물의 가시성을 높이고, 관심사와 관련된 인기 주제에 참여하라. 일관되고 사려 깊은 상호작용은 연결을 유지할 뿐만 아니라, 다른 사람의 피드에 대한 가시성을 높여 네트워크가 공유된 경험에 지속적으로 참여하게 한다는 점을 기억하라. 이와 같은 지속적인 상호작용은 선택한 소셜 플랫폼에서 지원적이고 상호작용하는 커뮤니티를 구축하는 초석이 될 것이다.

ⓖ 결론 : 자신감 있게 디지털 시대를 받아들이다.

소셜 미디어의 세계에 발을 들이는 것은 어려울 수 있지만, 믿을 수 없을 만큼 보람 있는 일이기도 하다. 올바른 플랫폼을 선택하고, 사용자 친화적인 프로필을 설정하며, 사랑하는 사람들과 연결하고, 활발하게 활동함으로써 디지털 상호작용이 의미 있고 즐거운 일인지 확인할 수 있다. 자신감을 갖고 이 새로운 여정을 받아들이며 날이 갈수록 세계가 더 연결되는 것을 지켜보라.

2. 문학작품
페이스북 : 빛고을노인건강타운

'빛고을노인건강타운'은 광주광역시에 있는 노인여가복지시설로, 2009년에 6월에 개관했다. 그런데 2023년 10월부터 시범 사업으로 시작해 타운 회원들로부터 큰 호응을 얻었던 '빛고을 SNS 서포터즈단' 사업을, 2024년 4월 11일에 발대식을 갖고 본격적인 활동에 돌입했다. '빛고을 SNS 서포터즈단'은 그동안 소셜 미디어 활동에 관심 있는 회원들이 스마트폰과 SNS 활용 등 역량강화 교육을 수강하고, 빛고을타운의 현장 소식을 개인 SNS(페이스북 등)를 통해 전달해 왔는데, 마침 페이스북에서 해당 내용들을 확인할 수가 있어, 일곱 번째 세션의 문학작품으로 선정했다. '빛고을노인건강타운' 페이스북의 주소는 다음과 같다.

▶ https://www.facebook.com/bitown8899

3. 관련 활동

1) SNS 설치 및 활용 기술 익히기

이 활동은 참여 노인들이 가족이나 친구들과 삶을 공유할 수 있는 Social Network 도구를 설치하고, 그것을 적절히 활용할 수 있는 기술을 익히는 것이다. SNS는 실시간으로 대화를 나눌 수 있는 것에서부터, 내가 남긴 생활 기록을 바탕으로 상호작용이 시작되는 것까지 다양하기 때문에, 각각 1개 정도를 설치 및 활용하는 기술을 알려드리면 좋겠다. 실시간 대화를 위한 도구로는 '카카오톡', 내가 남긴 생활 기록으로는 'facebook'이나 'Instagram'을 추천하는 바이다.

8 세션

1. 세부목표 : 미디어 역량 강화 4 - 키오스크 이용

서울시는 2022년 11월, 신한은행, CJ, CGV 등의 기업과 함께 디지털 약자의 의견이 반영된 무인단말기(키오스크)를 개발해 선보였다. 디지털 약자의 의견이 반영된 무인단말기(키오스크)에는 큰 글씨와 쉬운 언어가 도입되고 불필요한 요소를 없애 사용자 환경(UI)을 최대한 단순화한 것이다. 더불어 서울시는 뒷사람 눈치가 보여서 무인단말기(키오스크) 이용을 주저하는 일이 없도록, 시민 모두 조금씩 기다리자는 '천천히 해도 괜찮아요' 캠페인도 운영했다. 앞의 그림은 '서울시 키오스크 캠페인'의 포스터로, 정보 격차로 소외되는 사람이 없게 만들기 위한 지방자치단체 차원의 노력이었기에 소개해 보았다.

2. 문학작품

영상 : [사회실험] 70대 노인이 키오스크로 주문을 못하고 있다면? / 유튜브 '덕출 : DCTVGO' / 2023

이 영상에는 키오스크 사용을 어려워하는 70대 할아버지가 등장한다. 그는 키오스크 앞에서 쉽게 주문을 하지 못한 채 헤매는데, 이를 본 젊은이들이 차근차근 도와준다는 내용이다.

여덟 번째 세션을 위해 이 영상을 선택한 이유는, 다른 미디어와는 달리 실제 사용 능력이 타인들에게 노출되는 노인들의 키오스크 활용 실상을 적나라하게 보여주기 때문이다. 손이 안 닿아서, 과정이 복잡해서 등의 이유로 결국 사용을 포기했던 경험을 함께 이야기 나누어 보자. 영상의 주소는 다음과 같다.

▶ https://www.youtube.com/watch?v=Ui5GnARhBLY

3. 관련 활동

1) 분야별 키오스크 이용 연습하기

인건비를 줄이겠다는 명목으로 키오스크를 설치하는 곳들이 점차 많아지고 있다. 따라서 상대적으로 조작을 어려워하는 노인들은 원하는 것을 얻기까지 여러 차례의 시행착오를 겪거나, 끝내 그것을 얻지 못한 채 돌아서는 경우도 있다.

이 활동은 은행 ATM기를 사용하는 것에서부터 터미널이나 역에서 표를 구입하는 경우, 병원에서 접수하기 및 음식점이나 카페에서 주문을 하는 것에 이르기까지, 분야별 키오스크를 이용하는 연습을 해보는 것으로, 프로그램 중에는 해당 어플을 설치하는 것이 가장 효율적이겠다. 추천하는 어플로는 'FNJ 에프엔제이 키오스크'가 있는데, 주민등록초본 떼기부터 무인 가게 이용하기까지 10곳이 넘는 곳에서 사용되고 있는 키오스크 화면이 제공되므로, 실제 키오스크 앞에 있는 것처럼 연습을 해볼 수 있다.

9 세션

1. 세부목표 : 미디어 역량 강화 5 - 컴퓨터 활용

글을 읽고 쓰지 못하는 사람을 문맹이라고 칭했던 것처럼, 컴퓨터를 전혀 활용하지 못하는 사람은 컴맹이라고 부른다. 그런데 참여 노인들 중에는 컴퓨터를 전혀 사용해본 경험이 없는 분들이 많을 것이다. 특히 현재는 스마트폰을 통해 인터넷에도 쉽게 접속하기 때문에, 문서 작성 등의 작업이 필요하지 않은 경우에는 굳이 PC를 설치하지 않는 가정들도 많다.

이런 맥락에서 보자면 올드 미디어에 포함된 컴퓨터 활용 기술을 굳이 배울 필요가 있을까 싶지만, 미디어 활용에 대한 전반적 자신감을 향상시킨다는 측면에서라도 기초 지식은 배양을 시켜드리면 좋겠다.

2. 문학작품

도서 : 마녀 위니의 새 컴퓨터 / 밸러리 토머스 글, 코키 폴 그림, 노은정 옮김 / 비룡소 / 2004

새 컴퓨터가 생긴 위니는 컴퓨터로 마법 지팡이도 주문하고, 유머 게시판도 찾아다니며 즐거운 시간을 보낸다. 재주가 많은 컴퓨터 덕분에 행복했던 위니는, 마우스로 클릭만 하면 모든 마법이 실행될 수 있도록 설정을 해놓는다. 그런데 '마우스'를 싫어한 고양이 윌버 때문에 컴퓨터가 사라지는 일이 발생하는데, 과연 무슨 일이 생긴 것일까? 컴퓨터는 다시 위니에게 돌아올 수 있을까?

이 그림책의 주인공 위니도 새 컴퓨터가 갖고 있는 많은 재주를 하나씩 경험하며 신통방통하다는 생각을 한다. 따라서 참여 노인들도 컴퓨터 활용 교육을 받게 되면 그런 기분을 느낄 수 있을 것 같아, 우선 기대감을 높이기 위해 이 그림책을 선정했다. 또한 컴퓨터 사용에 있어서의 두려움에 대한 이야기도 나눌 수 있을 것 같아 선정을 했다.

3. 관련 활동

1) 컴퓨터 활용 교육

이 활동은 참여 노인들이 컴퓨터를 활용하여 원하는 작업을 수행할 수 있도록 필요한 교육을 시켜드리는 것으로, 컴퓨터를 켜고 끄는 것에서부터, 마우스를 클릭하여 원하는 프로그램을 실행하는 법, 그 프로그램 내에서 원하는 작업을 하는 것까지 차근차근 알려드리면 되겠다. 다만 시간이 한정되어 있으므로, 인터넷에 접속하는 방법과 이메일 쓰기, 한글 프로그램 내에서의 문서 작업과 저장, 출력 방법까지 알려드리면 좋겠다.

10 세션

1. 세부목표 : 미디어 역량 강화 6 – 팟캐스트

'팟캐스트(podcast)'는 인터넷망을 통하여 뉴스나 드라마 등의 다양한 콘텐츠를 오디오 또는 비디오 파일 형태로 제공하는 서비스로, 참여 노인들에게는 기존에 듣던 '라디오'라고 설명하는 것이 더 쉽게 인식될 것이다. 실제 공중파 라디오들은 인터넷과 해당 어플을 통해 방송 청취가 가능한 시스템을 오래 전에 갖추었는데, SBS 라디오의 '고릴라'가 대표적이다. 팟캐스트 역시 사용자들이 원하는 프로그램을 선택하여 구독할 수 있으며, 스마트폰에서는 아이튠즈나 플레이 스토어에서 팟캐스트 관련 어플을 다운로드 받아 이용할 수 있다.

열 번째 세션에서는 참여 노인들에게 '팟캐스트'라는 미디어에 대한 역량을 강화시키는 것이 목표이다. 평소 라디오 듣기를 즐겼다면 충분히 관심을 가질 수 있는 미디어이기 때문에, 직접 제작을 해보는 단계까지 나아갈 수 있다면 좋겠다.

2. 문학작품

팟빵 : 이천 마을라디오

'이천 마을라디오'는 2023년 7월 12일에 개설된 팟캐스트로, 전통적인 마을 공동체가 해체되어 마을 커뮤니티가 약해지는 시대에, 마을 사람들의 이야기를 라디오로 들으면서 커뮤니티를 활성화하고자 하는 이천문화원의 새로운 프로젝트이다. 에피소드는 이천문화원에 마련된 전문 녹음 스튜디오실을 활용하여 마을미디어 기록단 수료생들이 만들어 올린다고 하는데, 그 안에 노인도 포함되어 있는 등 소소하면서도 정겨운 이야기들이어서 열 번째 세션에 잘 어울릴 것 같아 소개하고 싶은 마음에 문학작품으로 선정했다.

팟빵 내 '이천 마을라디오'의 채널 주소는 다음과 같다.

▶ https://www.podbbang.com/channels/1787911/

3. 관련 활동

1) 라디오 이야기 녹음하기

이 활동은 프로그램에 참여 중인 노인들이 팟캐스트 채널에 올릴 수 있는 이야기를 직접 녹음해 보는 것으로, 녹음 자료는 그동안 함께 읽었던 그림책 가운데 한 권 씩을 고르면 되고, 각색 과정을 거칠 것 없이 그대로 낭독하는 방식을 택한다. 실제 녹음은 스마트폰 내 기능을 활용하고, 작업이 끝나면 함께 들어보며 과정에 대한 소감과 결과물에 대한 평가까지 해보면 되겠다.

1. 세부목표 : 미디어 역량 강화 7 – 유튜브

'유튜브(YouTube)'는 2005년 11월 공식적으로 서비스를 시작한 미국의 동영상 사이트로, '당신이 원하는 TV, 당신이 원하는 콘텐츠를 선택해서 보는 TV'라는 의미를 담고 있는 조어라고 한다. 유튜브는 '당신 자신을 방송하세요!'라는 슬로건을 내세웠는데, 창업 1년 만인 2006년 7월에는 하루 동안에 6만 5,000개의 신규 영상물이 업로드 되었으며, 영상물 시청 횟수도 1억 건을 돌파했다고 한다. 우리나라에는 2008년 1월 23일 공식 사이트가 개설되었다고 하는데, 현재는 전 세계적으로 이용자가 기하급수적으로 증가하면서 업로드가 되는 영상의 수는 물론이고, 그로 인해 창출되는 경제적 효과도 어마어마한 상황이다.

본 프로그램에 참여하고 계신 노인들 중에도 유튜브 채널을 많이 보는 분들이 계실 것이다. 따라서 텔레비전 프로그램 다음으로 가장 익숙한 미디어 가운데 하나일 수도 있는데, 이번 세션에는 전 세계적으로 막강한 영향력을 행사하고 있는 유튜브에 대해서 제대로 이해 및 활용할 수 있는 역량을 기를 수 있도록 도와드리면 좋겠다.

2. 문학작품
① 유튜브 채널 : 박막례 할머니 Korea_Grandma

노인 유튜버 중에서는 우리나라에서 가장 유명한 분일 것이다. 치매를 예방하고자 손녀의 도움으로 유튜브를 시작했다는데, 2024년 5월 기준 구독자가 118만 명, 게시된 동영상은 6060개에 달한다. 2019년도에 구글의 회장이 한국을 방문했을 때 유일하게 만나고 간 사람으로 더욱 유명해졌기 때문에, 참여 노인들도 많이 알고 계실 것 같아 성공의 비결 등을 함께 살펴보고자 선정한 문학작품이다. 채널의 주소는 다음과 같다.

▶ https://www.youtube.com/@Koreagrandma

② 유튜브 채널 : 밀라논나

한국인으로는 최초로 이탈리아 밀라노에 패션 공부를 하러 다녀온 사람이라고 한다. 그 뒤 굵직한 국가 행사의 의상을 담당하기도 했다는데, 패션과 본인의 라이프 스타일에 대한 이야기가 담긴 유튜브 채널을 운영하고 있다. 본인의 전문성을 바탕으로 젊은 이들에게 많은 영감을 주는 사람으로 유명해서, 역시 그 구성과 성공 비결 등을 살펴보고자 문학작품으로 선정했다. 2024년 5월 현재 88.7만 명의 구독자를 보유 중이고, 게시된 동영상은 109개이다. 채널의 주소는 다음과 같다.

▶ https://www.youtube.com/@Milanonna

3. 관련 활동

1) 유튜브 채널 개설 및 운영 계획 수립하기

사실 노인 혼자서 유튜브 채널을 개설 및 운영하기는 쉽지 않다. 따라서 누군가의 도움이 필요할 텐데, 콘텐츠가 좋아서 성공 가능성이 있다면 박막례 할머니처럼 손녀나 자녀들이 나설 수도 있을 것이다.

그래서 이 활동은 실제로 내가 유튜버가 된다는 가정 하에, 그렇다면 어떤 제목의 채널을 개설하여 어떤 내용을 어느 정도의 주기로 올릴 것인가에 대한 세부 계획을 수립해 보는 것이다.

내 채널이 많은 사람들로부터 구독과 좋아요를 이끌어내 고수익을 창출하는 단계에까지 이른다면 좋겠지만, 일단은 그런 기대를 접고 내 삶의 기록을 남긴다는 맥락에서 접근을 해보는 건 어떨까? 참여 노인들에게 제시할 활동지는 〈활동 자료 11〉에 담겨 있다.

유튜브 채널 개설 및 운영 계획 수립

만약 내가 유튜브가 된다면 어떤 채널을 개설하고 싶으세요? 아래 계획서에 상세하게 정리해 보십시오.

채널 이름	
주요 내용	
업데이트 주기	
기타	

12 세션

::::

1. 세부목표 : 적정 사용 계획 세우기

2023년 3월에 정보통신정책연구원에서 발간된 'KSIDI STAT Report'에 실린 『OTT 서비스 플랫폼별 이용행태 비교』[115]에 따르면, 유튜브 이용률은 거의 전 세대에서 90% 이상으로 나타났으며 특히 50대(95.4%), 60대(99.3%), 70대(100%)가 유독 높았다고 한다.

이와 같은 결과가 도출된 데에는 여러 이유가 있겠으나, 텔레비전은 정규 편성 시간이 있어서 그때가 아니면 원하는 프로그램을 못 볼 가능성이 높은데 반해, 유튜브는 보고 싶은 콘텐츠를 아무 때나 골라 볼 수 있는 장점이 있다. 또한 기존 미디어에서는 다루지 않는 내용을 접할 수 있고, 한 번 본 주제나 분야에 대해서는 알고리즘에 의해 계속 추천을 해주기 때문에 흥미 분야에 대한 관심을 지속할 수 있다는 특징도 갖고 있다. 이에 시간가는 줄 모르고 보게 된다는 노인들이 많은데, 다음은 유튜브에 푹 빠져 있으며 많은 도움을 받고 있다는 60대 가정주부의 이야기다.

60대 가정주부인 정모 씨는 최근 유튜브에 푹 빠졌다. 정 씨는 "요리를 정말 못했는데 「50년 요리비결」 유튜브 레시피를 보고 만든 잔치국수를 먹고 온 가족이 맛있다며 난리가 났다"며, "장조림, 육개장, 동태찌개를 실패 없이 만들 수 있어 유용하게 활용하고 있다. 보통 조회수가 높으면 괜찮은 음식이 나온다"고 했다. 주로 가정에서 머무르는 정 씨는 일상 속에서 틈틈이 5~10분 내외 짧은 영상을 본다고 했다. 그는 "요리 외에도 중장년 패션 영상도 눈여겨보는 편"이라며, "작년에 우연히 지하철에서 채널 주인을 만났는데 너무나

---

115) 오윤석. 2023. 『OTT 서비스 플랫폼별 이용행태 비교』. 서울: 정보통신정책연구원.

반가워 사진까지 찍었다. 유튜브가 없었다면 생활이 얼마나 단조로웠을지 상상이 안 간
다"고 했다.[116)

정모 씨 외에도 하루에 3시간 이상 유튜브를 보는 노인들이 많다고 하는데, 재미있는 것을
보는 것, 영상 시청을 통해 특정한 기술을 익히는 것이 나쁜 일은 아니지만, 과몰입이 신체
건강을 해치고 더불어 사람과의 관계에도 악영향을 끼친다면 이는 개선해야 할 측면이다.

따라서 마지막 열두 번째 세션에서는 그동안 열심히 배운 미디어를 적절히 사용하는 것
의 필요성과 중요성에 대해 이야기를 나누고, 마무리를 하면 좋겠다.

2. 문학작품

①도서 : 텔레비전이 고장났어요! / 이수영 글·그림 / 책읽는곰 / 2012

가장 좋아하는 일이 텔레비전을 보는 것인데, 만약 텔레비전이 고장 난다면 어떨까? 아
빠, 엄마, 민수네 세 가족은 모두 텔레비전 중독이다. 직장인 아빠는 퇴근을 하자마자 소
파에 드러누워 텔레비전을 보며, 전업 주부인 엄마는 아빠와 민수가 회사와 학교로 떠나
면 바로 텔레비전을 켠다. 또한 민수도 텔레비전을 늦게까지 보느라 늦잠을 자기 일쑤다.

그러던 어느 날 세 사람이 서로 리모컨을 차지하려 싸우다가 텔레비전을 망가뜨린다. 때
문에 절망감에 빠진 채 수리 센터에 전화를 거는데, 내일이나 되어야 기사님이 방문할 수
있다는 답변을 듣는다. 과연 민수네 가족은 텔레비전을 못 보게 된 시간을 어떻게 보낼까?

마지막 세션을 위해 이 그림책을 선정한 이유는, 모든 사람들에게 미디어가 필수불가결
한 상황이지만 적당히 조절할 필요가 있음에 대해 이야기 나누기 위해서이다. 특히 텔레

---

116) 조아라. 2024. 2. 6. 한국경제. 「"새벽 5시부터 챙겨봐요"...70대 노인도 푹 빠졌다는 이것」. 출처:
https://v.daum.net/v/20240206210101405

비전 프로그램은 참여 노인들도 가장 많이 보는 것이므로, 비슷한 경험을 바탕으로 이야기를 풀어 가면 공감을 쉽게 이끌어 낼 수 있을 것이다.

② 도서 : 완벽한 하루 / 박밀 지음 / 북극곰 / /2024

매일 아침 완벽한 계획을 세우는 그렁이, 하지만 일과는 뜻대로 흘러가지 않는다. 결국 완벽한 계획보다 중요한 것은 편안한 마음을 갖는 것이라는 것을 깨닫게 되는데, 이 그림책은 근래 많은 사람들에게 인기를 얻은 MBTI 성격 유형의 J(Judging, 판단형)와 P(Perceiving, 인식형)에 대한 차이를 설명해준다.

마지막 문학작품으로 이 그림책을 선정한 이유는, 완벽하게 지키기 위함이 아니라 중독을 예방하는 차원에서의 미디어 사용 계획 수립은 필요하다는 생각에서이다. 실제 노인들 중에는 유튜브나 게임에 중독된 경우가 많다고 하는데, 적적함을 달래기 위해 몰입하던 것이 자칫 과해지면 사람들과의 관계에서부터 일상생활이 깨지기 때문에, 스스로 지킬 수 있는 선에서의 사용 계획이 필요하다. 따라서 그에 대한 이야기를 나누고 활동으로 이어가기 위한 목적에서 선정한 그림책이다.

3. 관련 활동

1) 미디어 사용 계획 세우기

이 활동은 참여 노인들이 자신이 보내는 하루를 중심으로 미디어를 어느 정도나 사용할 것인가에 대한 계획을 세워보게 하는 것이다. 여건에 따른 차이가 있을 테고 치료사는 그 부분을 정확히 모를 가능성이 크지만, 스스로 실천할 수 있는 범위 내에서 계획을 수립해야 한다는 점을 강조하면 좋겠다. 참여 노인들에게 제시할 활동지는 〈활동 자료 12〉에 담겨 있다.

2) 참여 소감 나누기

미디어 사용 계획 세우기

하루 일과를 바탕으로 미디어 사용 계획을 세워보세요. 지킬 수 있는 범위 내의 계획이어야 합니다.

IM
POSSIBLE
적응 강화를 위한 독서치료

‘적응(適應)’을 주제로 책을 쓰면서, 과연 나는 어떤 측면에서 ‘부적응(不適應)’ 하고 있는가에 대해 생각해 봤다. 그랬더니 특정한 사람에서부터 음식 등에 이르기까지 상당히 많은 것들에 적응하지 못하고 있다는 것을 발견했다. 더불어 특히 어떤 측면에 대해서는 30년이 넘는 세월이 흘렀음에도 적응을 못했다는 점이 떠올랐을 때에는, 환경에 맞게 나 자신을 바꾸는 것도 어려운 일이니 다른 사람에게 변화를 요구하지 말아야겠다는 다짐도 하게 되었다. 가능하다면 그저 ‘적’당히 ‘응’석부리며 살아가는 건 어떨까. 어쩌면 누군가는 그 모습이 더 적응을 잘 하는 것처럼 보인다고 할 것이므로.

이제부터는 시리즈의 다음 주제에 적응을 해야 하는

임성관

주제별 독서치료 시리즈 8 - 적응

적응 강화를 위한 독서치료

초판인쇄 2024년 06월 14일
초판발행 2024년 06월 21일
저   자 임성관
발 행 인 권호순
발 행 처 시간의물레
등   록 2004년 6월 5일
주   소 경기도 파주시 숲속노을로 150, 708-701
전   화 031-945-3867
팩   스 031-945-3868
전자우편 timeofr@naver.com
블 로 그 http://blog.naver.com/mulretime
홈페이지 http://www.mulretime.com
I S B N 978-89-6511-461-1 (93020)
정   가 22,000원